Darleide Alves

PALAVRAS BENDITAS
PARA CASAIS

Cultivando a vida a dois

Todas as citações bíblicas foram extraídas da Nova Versão Transformadora (NVT), salvo indicação em contrário.

REVISÃO Giovanna Staggemeier e Mariana Weizenmann
DESIGN DE CAPA E PROJETO GRÁFICO Débora Grazola
DIAGRAMAÇÃO Patrícia Lino

Dados Internacionais de Catalogação na Publicação (CIP)
(BENITEZ Catalogação Ass. Editorial, MS, Brasil)

A474p
1. ed. Alves, Darleide
Palavras benditas para casais : cultivando a vida a dois / Darleide Alves. – 1.ed. – Rio de Janeiro : Thomas Nelson Brasil, 2025.

176 p.; 13,5 x 20,8 cm.

ISBN 978-65-5217-414-7

1. Aconselhamento espiritual. 2. Casamento – Aspectos religiosos – Cristianismo. 3. Família – Aspectos religiosos – Cristianismo. 4. Moral cristã. 5. Princípios bíblicos. I. Título.

05-2025/123 CDD 248.844

Índice para catálogo sistemático:
1. Casais : Aconselhamento conjugal : Vida cristã Cristianismo 248.844

Bibliotecária responsável:
Aline Graziele Benitez – Bibliotecária - CRB-1/3129

Os pontos de vista desta obra são de responsabilidade de seus autores e colaboradores diretos, não refletindo necessariamente a posição da Thomas Nelson Brasil, da HarperCollins Christian Publishing ou de suas equipes editoriais.

Rua da Quitanda, 86, sala 601A - Centro,
Rio de Janeiro/RJ - CEP 20091-005
Tel.: (21) 3175-1030
www.thomasnelson.com.br

Senhor, ajuda os casais que lerem estas palavras a Te encontrarem. Ajuda para que homens e mulheres tenham amor por Ti. Amor capaz de negar o próprio eu para não se perder da Sua companhia. Que, enquanto leem, sejam alcançados pelo Espírito Santo. Que as palavras escritas por mim, na verdade, sejam ungidas por Ti. Que decisões sejam tomadas, arrependimentos sentidos, perdão liberado, casamentos refeitos e laços conjugais fortalecidos para que nada os faça se romper. Livra-nos de brigas, infidelidade e divórcio. Livra-nos de desejos que Te ofendem e nos dê sabedoria celestial. Em nome de Jesus, ainda Te peço, conceda a todos um amor sem fim.

Sumário

Palavras Iniciais

Ao começar Seu ministério terrestre, Jesus Cristo escolheu uma festa de casamento e lá realizou Seu primeiro milagre ao transformar água em vinho. Aquela foi uma declaração inequívoca de que o primeiro lugar onde o Senhor deseja estar presente não é no templo, mas na família para restaurar a alegria que o pecado roubou.

Neste livro, proponho uma reflexão muito objetiva sobre o casamento entre cristãos. Um ajuste entre a fé e o relacionamento conjugal. Vivemos tempos de muita infidelidade, divórcio, abandono do compromisso com a família e com o próprio Deus. Não podemos nos acostumar com isso justamente agora, quando estamos tão perto do fim. Jesus voltará e como nos encontrará? Assinando divórcios, casando-se e descasando-se levianamente?

A proposta que faço é revermos nosso cristianismo não pela quantidade de vezes que vamos à igreja, ou pelo conhecimento teórico sobre a Bíblia, Deus e Seus milagres, mas no lar. Afinal, a verdadeira prova de cristianismo se revela na vida doméstica quando há amor, respeito e fidelidade; quando Deus é considerado membro amado da família.

Destaco aqui que compreendo que há situações em que pessoas sofrem em relacionamentos. Não posso criticar vítimas de cônjuges cruéis, narcisistas ou algo semelhante que, por esses motivos, tenham precisado descontinuar o casamento. Há situações de abuso, traição e violência que são insustentáveis, inclusive, para manter os cuidados com a própria vida e a saúde mental.

A intenção aqui é pensarmos juntos sobre nossa condição cristã no casamento e nossa responsabilidade na manutenção do amor. Estamos em tempos perigosos e o Senhor está nos chamando para nos salvar. Ele mesmo quer nos guardar do mal.

Meu interesse é despertar a compreensão de que, em muitas situações, há simplesmente rebelião contra Deus quando se põe fim ao casamento alegando falta de amor ou incompatibilidade. Há rebelião quando um trai, mente, abandona, adultera. Os apelos do Espírito Santos são repetidas vezes desatendidos. Acaba o amor na família. Acaba a alegria e o nome de Deus é desonrado.

Precisamos pensar e agir francamente a respeito da nossa terrível condição na família.

Os pecados do adultério e da imoralidade sexual têm destruído a vida na igreja, provocando o fim dos casamentos que foram celebrados com votos eternos diante do Senhor. É mais que urgente levarmos a sério esse assunto. Não é só o caso de discutirmos os desafios normais dos relacionamentos conjugais. Há materiais excelentes para ajudar os casais, mas precisamos pensar no casamento à luz da Palavra de Deus.

"Deus julga Seu próprio povo antes de voltar Sua ira aos pagãos."

Pr. John MacArthur

"Perto do fim da história da Terra, Satanás atuará com todo seu poder da mesma maneira e com as mesmas tentações com que tentou o antigo Israel justamente antes de sua entrada na Terra Prometida (no acampamento de Baal-Peor). Ele armará laços para aqueles que dizem guardar os mandamentos de Deus, e que estão quase nas fronteiras da Canaã celestial [...] Satanás está determinado a destruir com suas tentações, a poluir-lhes a alma com a imoralidade."

(Ellen G. White, Testemunhos Sobre Conduta Sexual, p. 84)

Capítulo 1
UM GRANDE ENGANO

Um casal, em processo de separação, com uma filha pequena. Cristãos e líderes da igreja local. Parecia que tudo ia bem, mas apenas parecia por um tempo. Alguma coisa se perdeu entre eles dois e o marido concluiu que o amor por sua esposa havia acabado. A relação perdeu o brilho. A convivência já não era agradável. Estavam prestes a se separar.

Pediram minha ajuda. Falei com cada um, separadamente, e propus algumas reflexões. Gostaria de fazê-los falar e pensar sinceramente no que estavam dizendo, e, especialmente, levá-los a perceber o significado das atitudes e das palavras que diziam diante do fato de serem cristãos.

Vocês são cristãos e vivem o cristianismo verdadeiramente?

São os sentimentos pessoais ou o Espírito Santo que influencia suas decisões?

Principalmente ele teve dificuldades para responder. Frequentava uma igreja, mas não estava agindo como um cristão no sentido genuíno da palavra. Apesar de ser um influenciador na comunidade religiosa, não o era na mesma medida em casa. Sua rotina incluía trabalhar, assistir a seriados no final do dia, conectar-se virtualmente com os amigos e depois dormir.

> ***"Cada vez mais nos voltamos para o próprio eu, nossos interesses, nossas necessidades..."***

Brincar, conversar, gerar bons sentimentos em família não estava em sua agenda. A leitura da Bíblia e a oração não eram prioridades. Acabou reconhecendo que não tinha o coração inteiro na fé e na Palavra de Deus. Guardava reservas. O Céu não era exatamente seu plano naquele momento. Só queria ser feliz, agora. Não importava muito o depois.

Aliás, é exatamente assim que muitos de nós pensamos; "ser feliz, agora. Depois, veremos como fica".

Isso não é algo exclusivo do universo masculino. Está no ser humano: o egoísmo. Cada vez mais nos voltamos para o próprio eu, nossos interesses, nossas necessidades... tudo gira em torno de nós. Nos esquecemos facilmente do outro. Deixamos de envolver, de validar, de valorizar, de cuidar. Ao enfrentar qualquer dificuldade, a saída mais fácil é a separação e o argumento mais lógico é: o amor acabou.

Mas falta de amor na família cristã? Como assim? E o Evangelho não tem serventia prática?

Por que será que tantos casais na igreja não são casais de verdade também em casa? Por que será que tantos homens e mulheres são infelizes no casamento mesmo conhecendo os ritos religiosos, os mandamentos, a Bíblia, os preceitos, os hinos e o Salvador Jesus?

"A separação de Cristo é a causa da discórdia e da divisão na família. Quando nos aproximamos de Jesus, nos aproximamos uns dos outros."

(Ellen G. White, Fundamentos do Lar Cristão, p. 69)

Capítulo 2

MAIS GRAVE DO QUE SE IMAGINA

Não está na moda falar sobre os juízos de Deus. Preferimos falar da graça e do amor, sem considerar que tão importante quanto saber que Deus nos ama é saber que Ele também não desculpará os crentes sem que estes reconheçam seus erros e se arrependam.

"Porque Deus amou o mundo de tal maneira que deu seu Filho unigênito, para que todo aquele que nele crê não pereça, mas tenha a vida eterna" (João 3:16, ARC). Todos conhecemos esse verso. Mas talvez não prestemos atenção ao contexto de amor e juízo presente aqui. Não podemos pregar o evangelho da graça sem nos lembrarmos de que, se não aproveitarmos a graça imerecida, teremos o juízo merecido.

Estamos prestes a nos encontrarmos com o justo Juiz. O fim do tempo da graça está chegando. Sem dúvida, já estamos no tempo de misericórdia. Estamos no tempo de tardança, como é referido na parábola das dez virgens (Mateus 25). O Senhor retarda a Sua vinda para nos dar uma chance. A demora faz os cristãos superficiais revelarem que não aproveitaram o tempo solene da graça e permite aos que "operaram a salvação com temor e tremor" colherem os frutos da perseverança. A questão aqui não diz respeito a cristãos e não cristãos, mas a cristãos de palavra e cristãos de fato.

> *"No entanto, tenho contra você algumas coisas: você tem aí pessoas que se apegam aos ensinos de Balaão, que ensinou Balaque a armar ciladas contra os israelitas, induzindo-os a comer alimentos sacrificados a ídolos e a praticar imoralidade sexual. [...] Aquele que tem ouvidos ouça o que o espírito diz às igrejas. Ao vencedor darei do maná escondido. Também lhe darei uma pedra branca com um novo nome nela inscrito, conhecido apenas por aquele que o recebe." (Apocalipse 2:14-17, NVI)*

O que está escrito no último livro da Bíblia, o livro da revelação de Jesus Cristo para os últimos dias, faz referência contundente ao pecado da imoralidade, cometido pelo povo de Deus no final da jornada pelo deserto, quando estavam próximos de entrar em Israel, a Terra Prometida.

Os hebreus estavam acampados em Peor, quando foram seduzidos sexualmente por mulheres pagãs, e, além de se prostituírem com elas, também se tornaram idólatras (Números 25).

O julgamento divino não tardou. Vinte e quatro mil israelitas caíram pelo juízo de Deus. O Senhor reprovou com força aquela afronta. Mas não pense que o culto a Baal é coisa do passado; é também dos dias de hoje. Temos convivido com a mesma abominação.

Baal era o deus dos cananeus. Para seus seguidores, o deus da fertilidade da terra e do ventre. Em Peor, região de Moabe, era adorado por moabitas e midianitas.

Lembremos que os moabitas eram o povo que se originou da imoralidade das filhas de Ló ao embriagá-lo e terem relações sexuais com seu velho pai. Daquele pecado surgiu um povo inimigo de Israel. Vemos o pecado arrastando milhares para a desgraça geração após geração.

Os hebreus estavam acampados próximos a Jericó, e foi ali que abandonaram a Jeová para, em meio à prostituição, tornarem-se adoradores de Baal. A imoralidade escancarou a porta para a idolatria e para o desprezo aos mandamentos de Deus. As orgias, a depravação, a quebra dos votos conjugais, a perda do juízo e do temor a Deus ocorreram naqueles dias e ainda estão entre nós.

> ***“Muitos nem sabem que são massa de manobra de Satanás.”***

A sensualidade é o Baal moderno. Adora-se o prazer, o sexo sem regras. Somos uma sociedade completamente erotizada. E os cristãos estão neste arraial e convivem com suas práticas, quase como algo normal. Crianças, adolescentes, jovens e adultos são hiperestimulados para seduzir e serem seduzidos. Muitos nem sabem que são massa de manobra de Satanás. Muitos, inclusive, nem creem que exista o Diabo, o que facilita muito suas astúcias.

Inadvertidos ou teimosos, cultuamos o corpo como religiosos cultuam um deus. E a religião da autoadoração tem dado terríveis resultados. Milhares e milhares de crianças abusadas, adolescentes grávidas, pessoas ansiosas, doentes, por não se adequarem ao padrão de beleza, ou seja, não são sedutoras o suficiente, homens e mulheres mergulhados na fornicação, homossexualidade e adultério. Miséria que será visitada pela ira de Deus, como o foi em Sitim, se não houver mudança de vida.

Consideremos, ainda, o contexto da ira de Deus contra os hebreus imorais. A história pode ser lida no livro de Números, a partir do capítulo 22.

O rei Balaque, de Moabe, contratou Balaão para amaldiçoar Israel. Todavia, o profeta sabia muito bem que jamais poderia amaldiçoar um povo a quem o Senhor cobrira de bênçãos. A fim de não perder o prestígio, o profeta covarde mostrou ao rei que só havia um meio de levar Israel à destruição; enfeitiçá-los com comida, bebida e sexo.

> *"[...] Balaão, que ensinou Balaque a armar ciladas contra os israelitas, induzindo-os a comer alimentos sacrificados a ídolos e a praticar imoralidade sexual [...]." (Apocalipse 2:14, NVI)*

Deus não Se deixa escarnecer (Gálatas 6:8). O Senhor enviou uma terrível praga, e vinte e quatro mil israelitas, insolentes, amantes dos prazeres, foram mortos.

Ah, como pode?! Um Deus tão amoroso fazer coisa tão horrível! Não! Horrível é o pecado. Magnífica é a santidade do Senhor que não suportará o mal para sempre.

> ***"Os filhos de Deus estão sendo seduzidos pela miserável indústria da imoralidade sexual."***

Não suportará para sempre a pornografia. Os filhos de Deus estão sendo seduzidos pela miserável indústria da imoralidade sexual. Mas, conforme as Santas Escrituras, Ele não suportará para sempre os relacionamentos levianos, "ficadas", transas, exposição do corpo, provocação, fantasias, indecência, sexo sem casamento...

Quem está se importando com pureza do corpo e da mente? É preciso anunciar, antes que chegue o dia do acerto de contas. O Senhor haverá de julgar os fornicários e os que se prostituem (Apocalipse 21:8). Há perdão para quem se arrepender e mudar de atitude agora, mas não para quem resistir a Seus apelos de amor. Quem se importa por ter sido comprado por preço de sangue: o sangue de Jesus? Quem se importa de ser templo do Espírito Santo ou templo de sensualidade, imaginação pervertida e espírito de rebelião?

> *"Os vossos olhos têm visto o que o SENHOR fez por causa de Baal-Peor; pois a todo homem que seguiu a Baal-Peor o SENHOR, teu Deus, consumiu do meio de ti." (Deuteronômio 4:3, ARC)*
>
> *"Porque esta é a vontade de Deus, a vossa santificação: que vos abstenhais da prostituição." (1Tessalonicenses 4:3, ARC)*

O apóstolo ainda recomenda:

> *"Fugi da prostituição. Todo pecado que o homem comete é fora do corpo; mas o que se prostitui peca contra o seu próprio corpo." (1Coríntios 6:18)*

"As práticas imorais dos hebreus (antes de entrar em Israel, na Terra Prometida) realizaram aquilo que todas as guerras com as nações e os encantamentos de Balaão não haviam conseguido. Ficaram separados do seu Deus. Seu amparo e proteção foram removidos. Deus Se lhes tornou em inimigo. Tão grande foi o número de príncipes e do povo culpado de licenciosidade que isto se tornou um pecado nacional, pois Deus Se irou com toda a congregação. O mesmo Satanás está atuando agora com idêntico fim em vista, para enfraquecer e destruir o povo que declara guardar os mandamentos de Deus, justamente quandose encontram nas fronteiras da Canaã celestial. Satanás sabe que este é o seu momento. Dispõe de apenas pouco tempo para trabalhar, e atuará com tremendo poder a fim de iludir o povo de Deus em seus pontos fracos de caráter."

(Ellen G. White, Testemunhos Sobre Conduta Sexual, p. 85)

"Haverá mulheres que se tornarão tentadoras, e que farão o máximo possível para atrair e conquistar a atenção dos homens sobre elas. Primeiro, buscarão granjear-lhes a simpatia, a seguir, a afeição, e depois levá-los a violar a santa lei de Deus. Os que desonraram a própria mente e a afeição, fixando-as naquilo que é proibido pela Palavra de Deus, não terão escrúpulos de desonrar a Deus com várias espécies de idolatria. Deus os entregará a suas vis afeições. Importa guardar os pensamentos; cercar a alma com os preceitos da Palavra de Deus; e ser muito cuidadoso quanto a cada pensamento, palavra e ação a fim de não ser surpreendido pelo pecado. É necessário guardar-se contra o cultivo da condescendência com as baixas paixões. Ela não é fruto de pensamentos ou corações santificados."

(Ellen G. White, Testemunhos Sobre Conduta Sexual, p. 85, 86)

Capítulo 3
COM RELIGIÃO, MAS SEM DEUS

No Éden, nossos primeiros pais foram avisados do mal que poderia afetá-los. Ouviram os avisos de Deus, mas não aplicaram o coração a obedecer irrestritamente. O encanto da serpente foi mais forte. Eva se demorou naquela perversa companhia. Quem dera tivesse permanecido longe dela e perto do seu marido. Juntos, seriam fortes. Quem dera houvesse guardado com amor e temor as instruções do Criador.

Isso lhe faz pensar sobre sua própria condição? Eu sei que você crê em Deus, mas até que ponto se afasta das tentações e contesta suas próprias atitudes?

> *"Saiba que nos últimos dias haverá tempos muito difíceis. Porque as pessoas só amarão a si mesmas e ao dinheiro. Serão arrogantes e orgulhosas, zombarão de Deus, desobedecerão a seus pais e serão ingratas e profanas. Não terão afeição nem perdoarão; caluniarão outros e não terão autocontrole. Serão cruéis e odiarão o que é bom, trairão os amigos, serão imprudentes e cheias de si e amarão os prazeres em vez de amar a Deus." (2Timóteo 3:1-4)*

> **"Moral, honra, respeito aos princípios, às leis, à família, ao casamento... Não importam mais."**

Vamos ter coragem de trocar a palavra genérica "pessoas" e substituí-la pelo pronome "eu"?

Essa é a melhor forma de "chamar o pecado pelo nome": identificando-o em nós. Eu sou egoísta? Avarento(a)? Presunçoso(a)? Arrogante? Blasfemo(a)? Desobediente aos pais? Ingrato(a)? Ímpio(a)? Sem amor pela família? Irreconciliável? Caluniador(a)? Sem domínio próprio? Cruel? Inimigo(a) do bem? Traidor(a)? Precipitado(a)? Soberbo(a)? Mais amante dos prazeres do que amigo(a) de Deus?

Veja bem, todos esses são adjetivos mais atuais do que nunca. E entre os sinais de que estamos vivendo os últimos tempos está a falta de amor pela família. A falta de perdão. O descontrole sobre os desejos e prazeres. A infidelidade.

A Bíblia é uma carta aberta de Deus para todos. E, segundo o que está escrito, os dias em que vivemos já estão muito semelhantes aos dias vividos em Sodoma e Gomorra. Moral, honra, respeito aos princípios, às leis, à família, ao casamento... Não importam mais. O que realmente importa é "ser amante dos prazeres".

Se não está feliz, então, sem pestanejar, busque a felicidade mesmo que isso signifique romper com os valores. Esse é o conselho que muitos estão seguindo.

"Adultério, um pecado 'cristão' – Houvessem, contudo, os transgressores do sétimo mandamento de ser encontrados unicamente entre os que não professam ser seguidores de Cristo, o mal não alcançaria a décima parte do que hoje representa; mas o crime do adultério é amplamente cometido por professos cristãos. Tanto clérigos quanto leigos, cujos nomes aparecem nos registros eclesiásticos como acima de suspeita, são igualmente culpados [...] O adultério é um dos terríveis pecados desta época. Ele existe entre professos cristãos de todas as classes."

(Ellen G. White, Testemunhos Sobre Conduta Sexual, p. 99)

Capítulo 4
VÊ SE PODE!

O marido mandou uma curta mensagem para sua mulher terminando o casamento: "Estou indo embora. Cansei. Cansei de tantas obrigações e de você. Vou aproveitar o que ainda posso. Tenho o direito de buscar minha felicidade".

Eram "apenas" 23 anos de relacionamento. Segundo a esposa me contava, não havia sinais de que o casamento estava ruim. Não havia queixas, discussões. Mas já não se queriam o suficiente. O amor esfriou. Agora, ele queria conhecer novas pessoas, novos lugares. "Precisava aproveitar a vida." Em outro caso, o marido mandou uma mensagem da Itália para a esposa que estava no Brasil dizendo: "Não sinto vontade de estar com você. Não te amo mais".

Como assim? Estavam juntos até poucos dias. Se despediram no aeroporto com beijos. Não aconteceu nada entre os dois que justificasse o fim do casamento. Como isso aconteceu? Não houve diálogo ou nova tentativa. Simplesmente acabou.

A verdade é que o amor está esfriando e o egoísmo está cada vez mais entronizado e reinando sobre nossas decisões e afetos. Os desejos ganharam ares de sagrado. Dizemos a plenos pulmões "meu corpo, minhas regras" ou "em minha vida mando eu" ou, ainda, "ninguém tem nada a ver com minha vida".

A mulher encontra um ex-namorado na rede social e voltam a trocar mensagens picantes.

Ex-colegas de ensino médio se conectam e criam um grupo de WhatsApp para manter a amizade. Agora, todos senhores e senhoras casadas, pais de filhos já bem crescidos, mas um deles chama uma colega para uma conversa particular para dizer palavras de elogios e fomentar algum tipo de proximidade mais íntima no maior cinismo. O cara deixa sua mulher porque está infeliz no casamento, aventura-se em outros amores e volta cinco anos depois pedindo uma segunda chance. Ela aceita, casam-se outra vez, e, depois, a surpresa: com a saúde muito frágil, fazendo muitos exames, era soropositivo. Ela ainda teve que pagar contas dele com travestis. Mas ninguém desconfiava. Era um bom cristão aos olhos dos demais membros da igreja.

Nosso drama não é primeiro entre os não cristãos, mas entre nós mesmos. Há muito pecado que precisa ser confessado e abandonado. Precisamos clamar dia e noite por misericórdia.

> ***"Há muito pecado que precisa ser confessado e abandonado..."***

Cada vez mais se vê a fragilidade das relações conjugais. Motivo? Estamos doentes. Estamos fracos. Estamos vazios de Deus e cheios de um egoísmo brutal.

Não importa se machuca, se abandona, se destrói os sonhos de alguém, se mata suas esperanças... desde que o "EU" fique livre.

Livre nada. Ninguém é livre na desordem que provoca no mundo à sua volta. Em algum momento, o que semeou brotará e cobrará a desonra, a leviandade e o desrespeito à vida alheia.

Não é possível isolar nossa existência. Não é possível fazer escolhas que não afetem outras pessoas. Pensar assim ou viver sob essa ideologia é uma alienação socialmente estimulada, até certo ponto interessante, mas altamente maléfica. São sintomas claros do vazio existencial humano. Uma busca insana por algo permanentemente excitante, mas que desconsidera a responsabilidade.

A serpente que falou no Éden continua fazendo o mesmo até hoje. Continua estimulando a mente humana a imaginar que há algo melhor do que viver em Deus. Insiste em dizer que a vida será realmente aproveitada se fizermos diferente do que Deus falou. Adorar, louvar, obedecer, honrar compromisso, ser fiel... Nada disso é tão excitante. Bom mesmo é quebrar regras, princípios, criar alternativas emocionantes, aventurar-se e desafiar a ordem. No caos há mais adrenalina. Essa foi a propaganda da maldita serpente para nossos primeiros pais e se mantém igualzinha atualmente.

"O que ordenou Deus a Moisés fosse feito com os culpados de adultério? Deveriam ser apedrejados até a morte. Terminava ali a punição? Não, haveria ainda a segunda morte. O sistema de apedrejamento foi abolido, mas a penalidade pela transgressão da lei de Deus não deixou de existir. Se o pecador não se arrepender sinceramente, será punido com a destruição eterna na presença do Senhor."

(Ellen G. White, Testemunhos Sobre Conduta Sexual, p. 131)

Capítulo 5
QUANDO INSISTIMOS NO PECADO

Naturalmente falando, os divórcios e as atrocidades nas relações conjugais sugerem que estamos vivendo tempos de feitiços. Antes que você ache uma ideia descabida ou pouco delicada, convido você a ler o que está na Bíblia, no livro de 1Samuel 15:23, e transcrevo aqui: "Por quanto a rebeldia é como o próprio pecado da feitiçaria, e a arrogância como o mal da idolatria [...]" (BKJA).

Ou seja, quando estamos cheios de amor exclusivo por nós mesmos cometemos pecado grave. Centrados somente em nós mesmos sem levar em conta a lei de Deus, as relações familiares, os votos sagrados, os deveres conjugais... somos comparados a feiticeiros e idólatras.

A ligação feita entre desobediência e feitiçaria, orgulho e idolatria, fora feita pelo profeta Samuel quando o Senhor havia dado uma ordem ao rei Saul, o primeiro rei de Israel. Isso ocorreu quando, em certa ocasião, o rei obedeceu parcialmente a Deus e ainda presunçosamente desculpava os próprios erros e fazia parecer que estava com Deus.

Fora ordenado ao rei que destruísse totalmente os amalequitas. Ninguém daquele povo ímpio deveria ficar vivo. Era a hora do juízo para eles. Mas Saul agiu de outro modo e poupou Agague, o rei inimigo, e, ainda, o melhor das ovelhas, dos bois, dos cordeiros e dos animais gordos (1Samuel 15:8-9).

Saul achou melhor fazer sua vontade em lugar de considerar o mandamento. Era arrogante o suficiente para desfazer a ordem de Deus sem peso na consciência. Destruiu o que quis e poupou o que lhe parecia conveniente.

Também procedemos assim muitas vezes. Somos cristãos obedientes e tementes, mas em parte. Consideramos a lei de

Deus, mas também a nossa e nos equilibramos entre "seja feita a Tua vontade, mas a Minha também".

Nossa natureza egoísta e orgulhosa nos arma ciladas. Se nos desviamos do Espírito de Deus, da Sua Palavra e autoridade, caímos no centro do nosso "eu" egoísta e transgressor.

Saul, que antes se achava o menor dos servos, com o tempo, reinando sobre Israel e usufruindo das realizações que o poder de Deus lhe permitia conquistar, deixou de ser dependente Dele para ser autônomo. Sozinho decidia o que fazer sem levar em conta o que dizia o Deus de Israel.

É mais fácil ser vencedor quando nos sentimos pequenos do que mantermos o equilíbrio quando nos sentimos grandes demais. Quando o profeta não chegou para oferecer holocausto, Saul mesmo ofereceu (1Samuel 13:8-9).

Quando deveria ter executado o justo juízo do Senhor sobre os amalequitas, não fez como deveria, mas como achou que fosse melhor (1Samuel 15:7-9).

Após a brilhante batalha, ao voltar para casa, ergueu um monumento para si mesmo (1Samuel 15:12).

Após vencer a guerra contra os amalequitas, Saul deixou claro que se esqueceu de quem lhe dera a vitória e tomou para si as honras homenageando o próprio nome.

Aquele que um dia não se achava digno para ser nada além de cuidador de bois e jumentos, que se escondia no meio do povo para não ser percebido, agora pensava ser insuperável! E, ocupado com a glória pessoal, perdeu de vista o Deus que o escolheu como rei.

Você está acompanhando o meu raciocínio? Estou querendo mostrar que há casamentos que se destroem por afastamento de Deus, devido ao orgulho e à vaidade. Algo como feitiço que cega e arruína homens e mulheres.

Saul chegou a um ponto tão absurdo na sua cegueira espiritual e rebeldia que não percebia sua própria loucura. Mesmo pecando abertamente, negava dizendo:

> *"Cumpri a ordem do SENHOR."* (1Samuel 15:13)

Tendo Deus dito que o juízo deveria ser completo sobre os amalequitas — que tiveram 400 anos de misericórdia, mas não aproveitaram —, Samuel perguntou a Saul, depois de ele ter dito que havia cumprido a ordem de Deus: "Então o que é esse balido de ovelhas e esse mugido de bois que estou ouvindo?" (1Samuel 15:14). Saul respondeu: "É verdade que os soldados pouparam o melhor das ovelhas e dos bois que pertenciam aos amalequitas. Mas eles vão sacrificá-los ao Senhor, seu Deus. Quanto ao resto, destruímos tudo".

Atitude típica de quem está perturbado, enfeitiçado a respeito de si mesmo. Não enxerga seu próprio erro. Prefere manter-se culpando os outros. Não assumindo a responsabilidade de qualquer acontecimento ou o fazendo em parte bem pequena. O rei orgulhoso e covarde jogou contra seus servos dizendo: "[...] os soldados pouparam o melhor das ovelhas [...] Mas eles vão sacrificá-los ao Senhor, seu Deus" (1Samuel 15:15).

Estava racionalizando os acontecimentos. Justificando seus erros sem reconhecer a perversidade de seus atos. Ali estava um homem que caiu em desgraça. Havia recebido um novo coração quando escolhido para ser rei, mas deixou que os interesses e vaidades pessoais o corrompessem.

É como o homem que não reconhece seu comportamento abusivo. É como a mulher que não percebe a maneira vulgar com que trata seu marido. São casais que se acusam sem dar oportunidade ao outro, sem pedido de perdão, sem consideração alguma pelo sofrimento do cônjuge. É também o que não atende o cônjuge emocionalmente e sexualmente. Não dá atenção. Não se importa se o outro vai bem ou mal. Isso é iniquidade. Maldade.

Samuel respondeu: "[...] Por que você não obedeceu ao Senhor?" Atenção!

Desculpas ou argumentos humanos não justificam a rebeldia contra Deus. Nossa lógica jamais poderá ficar em lugar da Palavra do Senhor. A obediência é a linguagem de amor praticada no Reino. E não é assim porque Deus é caprichoso e tirano. Mas porque nossa natureza é naturalmente má.

Não há uma explicação lógica para sermos tão contrários a Deus. Mas já está mais do que provado que só estaremos preservados da autodestruição se decidirmos viver sob Sua lei. É lei de amor. Lei que nos protege de cair em abismos. Nossa natureza é de presunção e arrogância – achar que sabemos mais que Deus e podemos desdenhar de Seus mandamentos e princípios. E, assim como Saul criou um argumento que sugeria boas intenções, nós caímos no mesmo engodo. Nossa intenção é sermos felizes, então, se para isso for necessário quebrar mandamentos, assim será. Ser feliz justifica tudo. Até mesmo trocar meu cônjuge por outro, ter amantes (ainda que virtuais). E lá se vão casamentos desfeitos por motivos que são o resultado da permissividade com o pecado.

Muitos casais gastam horas com filmes, seriados, novelas, gracejos, bobagens, mas nunca oram juntos pelo casamento, pela convivência, por resoluções de problemas. Nunca oram pedindo a presença de Deus em suas decisões. Nunca oram de mãos dadas enquanto confessam erros cometidos um contra o outro. Não declaram a disposição de permanecerem juntos diante do Senhor e com Sua bênção. São frouxos nos costumes cristãos. Claro que em um ambiente tão vazio de espiritualidade o inimigo de Deus e, por isso, nosso inimigo, fará seu showzinho para atrair sombras sobre nosso lar. Tenho certeza de que muitos casamentos estão acabando por infidelidade e falta de amor porque Satanás conseguiu minar a fé de um só ou mesmo do casal. Manteve-os ocupados com futilidades enquanto o mal se aproximava de mansinho até que os assaltou.

Voltando a Saul, há muitos como ele. Pode ser um de nós. Um que rejeita o convite da reconciliação porque está enfeitiçado pelo pecado do sentimentalismo.

Nenhum casamento findou quando o casal estava em companhia do Espírito Santo. Certamente um se rebelou e atraiu para si a influência do espírito contrário ao de Cristo. Eu sei que isso é muito duro, mas é preciso dizer.

> *"[...] pois ele se afastou de mim e se recusou a obedecer às minhas ordens." (1Samuel 15:11)*

Essa é a chave que esclarece o poder enfeitiçador que destrói famílias. O afastamento de Deus, não ter vida cristã prática e honesta são as causas de o mal encontrar acolhimento em nosso meio. Volto a dizer que nenhum casal assinou o divórcio após jejuns, orações, louvores e confissão verdadeira de seus pecados. Alguém ali tinha o coração rebelde para com Deus.

É urgente que os casais cristãos saibam o que é viver no temor do Senhor. Que sejam fiéis e se guardem de pecar contra Deus. O casamento termina porque a consagração terminou muito antes. O que Jesus ensinou não foi praticado. A bênção não foi considerada e, então, veio a derrota.

Capítulo 6
SOBRE QUANDO O AMOR ACABA

O amor acaba quando não há apreço e reciprocidade. Somente Deus ama genuinamente de forma altruísta. Ama e não tem como fugir de Si mesmo. Ele é o próprio amor. Já o amor humano não alimentado definha.

O amor, assim como a vida, exige movimento. Parado adoece, atrofia e morre. Se deixa de admirar, de responder, de perguntar, de fazer bem e até de confrontar, deixa-o minguar aos poucos. Se não se importa, não faz rir, não chora e não sonha junto, então, o amor está ofegando, perdendo o fôlego, sufocado e sufocando o casal.

Se não se movem na direção um do outro, não sentem mais o calor do abraço, da respiração no pescoço, da mão boba, do carinho despretensioso... Se já não se alimentam de boas palavras, não sentem mais sabor em ficar juntos ou o coração não palpita saudade quando precisam ficar distantes, suspeita-se que um dos dois ou o casal descuidou, parou, e o amor ficou raquítico, anêmico. Está no último fôlego ou já morreu.

Como diz a escritora Ellen White no livro *O lar adventista*, p. 107: "O amor não pode existir por muito tempo sem se exprimir. Não permita que o coração do que se acha ligado ao seu pereça à míngua de bondade e simpatia".

Esse é o motivo por que muitos relacionamentos estão morrendo. Há um abandono emocional frequente. Deixam de fazer bem um ao outro. Cessam o carinho, o respeito, as palavras agradáveis, as expressões de valorização.

O demônio da desarmonia encontra o ambiente perfeito para agir quando há frieza entre os cônjuges. E, atualmente, com a ajuda de sutilezas como as interações sociais pela internet, as conversas despretensiosas nos aplicativos, ocupação exagerada com a vida alheia, muito trabalho, estresse, cansaço e aquele velho direito de ficar sozinho ou sozinha levado ao extremo... Tudo isso vai causando um distanciamento gradativo. Quando menos se percebe já não são um casal, mas duas pessoas debaixo do mesmo teto, sem conexão positiva alguma entre elas.

Há tempo gasto com tudo e com todos, exceto com o relacionamento. Um começa a sentir falta, mas o outro não está prestando atenção. Os interesses estão voltados para o que lhe é egoisticamente conveniente. Dessa forma, é claro que o amor acaba. Quem suporta ser esquecido em um canto como um objeto obsoleto? Que amor resistirá se não há manutenção, carinho, atenção? E quem é o herói ou heroína que consegue suportar e manter íntegros os sentimentos relegados ao desleixo?

Mas, principalmente, o amor pelo outro acaba à medida que nos tornamos apaixonados demais por nossa própria imagem no espelho. Quando os apelos da carne são atendidos. Quando somos picados pelo inseto do pecado, e, já inflamados, perdemos o controle sobre a razão.

O discurso moderno é: "Só podemos amar os outros se amarmos primeiro a nós mesmos". E dizem que são as palavras de Jesus. Isso não é verdade. Não fica bem colocar palavras no texto e acrescentar um sentido que não está ali. O que Jesus disse é que, assim como nos amamos, devemos amar o próximo. E olha o quanto nos amamos! Nos amamos tanto que temos muita roupa, muitos sapatos, muita comida, muito isso e aquilo ou, se não temos tanto, ainda assim o que temos é "meu" e não "nosso". Doamos o que nos sobra, o que não nos serve, não interessa. Nosso amor é mais malandro que verdadeiro. Amamos até a segunda página. Basta ser contrariado, pisar na bola, olhar de cara feia, não concordar sobre política, futebol ou religião, que lá se vai para o brejo o nosso inefável amor. Se amássemos menos a

> "O amor não pode existir sem revelar-se em atos externos, como o fogo não pode manter-se vivo sem queimar."
>
> *(Ellen G. White, O Lar Adventista, p. 111)*

nós mesmos, dividiríamos mais, perdoaríamos mais, compartilharíamos mais o amor com os outros na vida prática, já que não nos sentiríamos tão ofendidos por qualquer coisa.

Então, na verdade, estamos alimentando ainda mais o ego quando nos apropriamos da Palavra de Jesus fora do contexto. Ele não disse para amar primeiro a si e depois amar os outros.

Quando perguntaram a Jesus "qual é o mandamento mais importante da Lei?", a resposta foi: "Ame o Senhor seu Deus de todo o seu coração, de toda a sua alma e de toda sua mente". Era uma referência à Deuteronômio 6:5: "Ame o Senhor, seu Deus, de todo o seu coração, de toda a sua alma e de toda sua força". E, em seguida, declarou o segundo mandamento: "Ame o seu próximo como a si mesmo" (Mateus 22:39, referindo-se a Levítico 19:18, que diz: "Cada um ame o seu próximo como a si mesmo").

Qual era o contexto em Levítico?

Instruções dadas sobre a conduta pessoal, santidade, respeito aos pais, aos ritos religiosos, cuidado com os pobres e estrangeiros. Não roubar, não mentir, não jurar falsamente, não ser injusto com os empregados, não agir com preconceito com os doentes, não difamar, não ser indiferente quando a vida do próximo corre perigo, não alimentar ódio contra os parentes.

Não se vingar, não guardar rancor, mas cada um ame o seu próximo e faça ao seu próximo o que faria por si mesmo.

A lista de comportamentos continua. E a preocupação do Senhor é nos fazer entender que ser de Deus revela-se no cuidado com o outro. Em vez de dizer que devemos primeiro amar a nós mesmos para depois amar os outros, Jesus falou: "Não existe amor maior do que dar a vida por seus amigos" (João 15:13).

Já o apóstolo Paulo deixou o seguinte mandamento na carta aos Efésios 5:28: "Os maridos devem amar cada um à sua esposa, como amam o próprio corpo, pois o homem que ama sua esposa na verdade ama a si mesmo". E acrescenta no verso seguinte:

> *"Além do mais, ninguém jamais odiou o seu próprio corpo, antes o alimenta e dele cuida, como também Cristo faz com a igreja." (Efésios 5:29, NVI)*

A não ser em casos de sofrimentos mentais, ninguém se odeia. Pelo contrário, cuida tanto de si que o Senhor pede que da mesma forma cuide do próximo. Especialmente do cônjuge.

É uma lástima desvirtuar a verdade para forjar uma situação que favoreça nossas loucuras.

Resumindo, qual é a ordem dos fatos? Deus nos amou primeiro. Nós respondemos em amor e, por sermos amados sem merecimento algum, nós amamos ao próximo.

> **"*Muitas vezes a vida cristã é falatório, cantoria, ideias, costumes ou qualquer coisa, exceto vida cristã de verdade...*"**

Mas vamos ao ponto central da questão. O amor acaba, os casamentos dos cristãos acabam, as famílias cristãs sofrem porque a base da vida de muitos é areia movediça, e não a Rocha.

Muitas vezes a vida cristã é falatório, cantoria, ideias, costumes ou qualquer coisa, exceto vida cristã de verdade. Mas o que seria essa tal vida cristã?

Vida de compromisso sério com Jesus Cristo. Caminhada firme sobre as Suas pegadas. O que Ele fez, fazemos também. O que Ele mandou, cremos e obedece mos. É viver Nele, por Ele e para Ele.

Creio que você conheça a história do filho pródigo e seu irmão mais velho, escrita pelo evangelista Lucas na Bíblia Sagrada. O episódio narrado ali é a ilustração perfeita sobre nossa falta de sensibilidade para viver um compromisso de amor.

Peço que preste atenção. Perceba o quanto perdemos quando não compreendemos o que significa viver com Deus.

Os dois irmãos tinham tudo do bom e do melhor, mas não se davam conta de quem verdadeiramente era o pai e, sendo assim, não sentiam alegria por serem filhos dele. O amor do pai era tão pleno que os filhos sentiam-se livres até para pedir a herança antes mesmo da morte do pai. Mas isso não os tornava gratos ou amorosos.

O desejo egoísta do caçula foi atendido ainda que, certamente, o pai estivesse desgostoso de que seu filho não quisesse mais estar em sua casa. Entregou-lhe a herança e o deixou partir.

Ao fazer aquele pedido, o filho estava dando mais valor à fortuna do que à companhia e à vida de seu pai. O amor de filho não o acompanhava, mas o desejo de liberdade sem compromisso, sim. Queria somente a herança e acreditava que o pai tinha a obrigação de lhe prover as condições necessárias e entender sua ânsia por conhecer o mundo e seus prazeres.

Às vezes agimos da mesma forma. Escolhemos com base em sentimentos e pensamentos egoístas, como já dito anteriormente. Relembraremos esse tema, pois ou matamos nosso egoísmo, ou seremos destruídos por ele.

Falamos muito de amor, em liberdade para sermos quem quisermos e fazermos o que bem entendermos, e do Pai queremos apenas a bênção. É como se O fizéssemos refém de nossos caprichos e O obrigássemos a nos encher de tesouros. Queremos felicidade, amor romântico, dinheiro, saúde, beleza, amigos... Depositando confiança apenas em nosso "direito" a todas essas bênçãos, mas sem dar valor algum ao Pai.

Dizemos:

> *"Deus sabe do meu coração."*
>
> *"Deus entende."*
>
> *"Tenho o direito de ser feliz. Vou seguir meu coração. Pedirei minha herança para aproveitar o agora."*
>
> *"Faço da minha vida o que eu quiser e ninguém tem nada a ver com isso."*

Sejamos, outra vez, sinceros. Em muitas ocasiões, nem nos importamos se Deus aprova ou não nossas escolhas. Nem perguntamos. Nem queremos ouvi-Lo. Apenas exigimos nossa parte e seguimos nossos desejos.

Com o passar do tempo, o filho gastador deu com a cara na lama e voltou. Ao chegar, foi recebido com festa. Não houve questionamentos. Não foi necessário perguntar "onde você andava, moleque?". Não. Foi recebido com grande alegria como no dia em que nasceu ou ainda com alegria maior. Era um filho que "estava morto e reviveu".

Quando reviveu? Como reviveu?

Quando dividia o chiqueiro com os porcos "caiu em si" e decidiu voltar.

Cair em si é tomar consciência. Enxergar a verdade. Reconhecer os erros. Dar valor àquilo que não tem preço. É perder de vista tudo e todos para olhar como nunca havia olhado antes para o Pai. Não imaginava que sua volta seria motivo de tanta alegria para quem ele mesmo desprezou. Claro que ficou surpreso. Não conhecia o próprio pai. Assim como seu irmão, o via apenas como provedor, administrador, soberano, rico e poderoso. Não sabiam que sua maior fortuna era o amor de pai.

No caminho de volta para casa, aquele rapaz foi pensando, escolhendo as palavras, o tom de voz ensaiado. Mas nada disso foi necessário. Antes que falasse qualquer coisa, o pai foi a seu encontro. Jogou-se nos braços sujos do filho que usava aquelas vestes cheirando a porcos. O filho estava imundo, mas o pai não se importou. Sua atenção estava na volta do filho para casa. Nem mesmo o motivo que o trouxe de volta importava. O filho estava em casa. A família estava completa outra vez.

Assim é com você e comigo. Somos confirmados como filhos e, sendo assim, o Senhor nos dá de Suas riquezas. E o que há de mais luxuoso e mais poderoso é o amor de Deus. Amor que não acaba. Amor que não se compra e não se vende. "Amor mais forte que a morte."

Somos ingênuos de O deixar por qualquer que seja a oferta desta vidinha passageira aqui. Vai deixar o casamento, a aliança, o compromisso que deveria ser eterno por coisas fúteis? "Pular a cerca", manter relacionamentos escondidos, levianos, adúlteros porque sente prazer em fazer como fez o filho rebelde? Vai abandonar a Deus e escolher a farra?

Se está pensando em sair da casa do Pai ou já saiu, espero sinceramente que você não precise terminar com os porcos para, somente então, sentir falta da casa do Pai. Só quero lhe assegurar que, se voltar, Ele aceitará você sem reserva alguma. Não sei se o ex-marido ou ex-mulher vai querer você de volta, mas o

Senhor sim. Talvez o rastro de tristeza que você deixou não se apague facilmente, mas o perdão de Deus está sempre acessível. Basta arrepender-se e voltar para Ele.

O filho mais velho, por sua vez, só conhecia a retidão e a severidade, mas não sabia nada sobre amar. Indignou-se com o perdão do Pai e, em vez de amá-Lo, desprezou-O.

Nunca adulterou, nunca nem olhou com olhar impuro para qualquer pessoa, mas também não sabia quem era seu pai.

Em resumo, aqueles homens amavam demais a si mesmos. Tanto os que ficam quanto os que saem, se não conhecem e não amam verdadeiramente o Senhor e Sua insondável graça, desejarão coisas vãs e obedecerão aos impulsos naturais e colherão as alegrias vazias ou a recompensa danosa de uma vida religiosa sem amor que mata e rouba o verdadeiro sentido da vida.

E isso está completamente ligado a tudo. Nosso casamento será casamento para sempre se nosso envolvimento com Deus for de amor e compromisso fiel.

Agora, falo a você que é cristão ou cristã e está sendo tentado ou tentada a deixar seu casamento para se aventurar por alguma paixão ou novo amor. Não faça escolhas temporais sem conexão com o Senhor. A filosofia "faça o que seu coração mandar" não pode nortear sua existência. Nenhum dos seus argumentos em favor das alegrias e sensações desta vida fará sentido se, para isso, você abandonar a casa ou a presença do Pai.

Não vale a pena deixar sua família, seus princípios, e desperdiçar as bênçãos para viver experiências vulgares, por mais excitantes que elas pareçam.

Oração

Livra-nos, Senhor. Cerca nossa família de amor. Faze com que Tua luz torne nosso lar um ambiente celestial. Que haja o bom perfume de Cristo e todos sintam o cheiro agradável de uma vida refeita em Sua graça. Lava, Senhor, e purifica nosso coração egoísta, interesseiro, vaidoso e atrevido. Não nos deixes cair na tentação de Te abandonar e deixar para trás os votos que Te fizemos. Somos terrivelmente maus, mas já sei que, se nos deres o Teu Santo espírito, seremos mudados. Confirme nosso pedido por amor e alicerces sólidos neste casamento. Em nome de Jesus, amém.

Capítulo 7

DEUS AINDA PODE FAZER MILAGRES. VOCÊ CRÊ?

Certo dia, após a multiplicação de pães que fizera para alimentar uma multidão, Jesus estava indo com os discípulos, de barco, para outra região, quando aproveitou para dizer aos doze que cuidassem "para não se contaminarem com o fermento dos fariseus". Eles se entreolharam e se perguntaram: será que Ele está dizendo isso porque trouxemos apenas um pão?

Simplesmente aqueles homens não O conheciam e não sabiam qual era a natureza do Pai. Testemunharam uma tremenda multiplicação de pães, milhares foram alimentados a partir de uns poucos pãezinhos, havia algumas horas, e os moços estavam com medo de que Jesus sentisse falta de comida na viagem.

Diante daquela situação constrangedora, Jesus perguntou: "[...] Ainda não sabem ou não entenderam? Seu coração está tão endurecido que não compreendem? Vocês têm olhos, mas não veem? Têm ouvidos, mas não ouvem? Não se lembram de nada?" (Marcos 8:17-18).

Pensando bem, não é bem assim que agimos?

Ouço Jesus perguntando para mim: "Darleide, você continua incapaz de entender? Filha, você vê e ouve, mas não enxerga nem entende. Você tem cérebro saudável, mas não se lembra do que tenho feito e falado?".

Jesus deu e dá todas as provas de quem Ele é. Ele fazia e faz demônios tremerem e baterem em retirada. Curou e cura enfermos aos milhares, libertou, perdoou, comeu com pecadores e nos amou tão radicalmente que foi até à cruz para nos salvar, e ainda ficamos perdidos em nossas lutas como se Ele não estivesse no nosso humilde barquinho.

Só a dureza de nosso coração para justificar essa quebra de aliança. Os cristãos não conhecem o Cristo. Não compreendem que o fermento do pecado atua em toda a massa. Ou seja, em

> *"... Se ao menos vivermos a cultura do amor que há em Cristo Jesus, como casal, como família, a nossa experiência como cristãos fará a diferença..."*

toda a vida. A graça de Jesus, porém, muda tudo. As relações são fortalecidas. As feridas são cicatrizadas. Não significa que não teremos problemas, que nosso casamento será perfeito e que não enfrentaremos adversidades. Mas, se ao menos vivermos a cultura do amor que há em Cristo Jesus, como casal, como família, a nossa experiência como cristãos fará a diferença.

Agora, responda a outras perguntas que Ele mesmo faz. Tendo em mente um casamento em crise, por exemplo. Será que há Nele poder para mudar a situação?

Mas responda em voz alta para que você assimile de fato o que está falando.

> *Onde está a vossa fé? (Lucas 8:25, ARA)*
>
> *Que quereis que eu vos faça? (Mateus 20:32, ARA)*
>
> *Credes vós que eu possa fazer isto? (Mateus 9:28, ARC)*
>
> *Ainda não entenderam? (Mateus 16:9)*
>
> *Estive com vocês todo esse tempo e você ainda não sabe quem eu sou? (João 14:9)*
>
> *Mas o Filho do Homem, quando vier, será que encontrará fé sobre a terra? (Lucas 18:8)*

Tantas e tantas vezes Jesus ficou surpreso com a incredulidade de Seus próprios seguidores. Fazia-lhes perguntas para despertá-los da ignorância e falta de fé.

Veja nossa situação atual. Somos seguidores de Jesus, mas parece que somos tão ignorantes quanto aqueles homens em

Jerusalém antes do derramamento do Espírito Santo. Nosso coração continua preguiçoso para buscar mais de Deus. Não enxergamos, não ouvimos e não nos lembramos de todas as demonstrações do poder de Deus. Até dizemos que Deus é o Deus do impossível, mas por que não aplicamos nossa fé Nele para a restauração de um casamento?

"Homem de pequena fé, por que duvidaste?" (Mateus 14:31, ARC).

Como pode um casal ver o próprio casamento desmoronando e não agir como filhos do Altíssimo para restaurar o que se perdeu? Aliás, como se distanciaram tanto do amor enquanto ainda são religiosos? A religião que vivem os religa a quem? Ao próprio eu?

Deveríamos achar normal que os casamentos cristãos se desfaçam por falta de amor?

Seria normal lidarmos com o voto sagrado como se fosse coisa comum e leviana?

Seria correto nos acostumarmos com abusos, adultérios e divórcios entre os cristãos?

Não existe outra forma de dizer ao mundo que servimos a Deus a não ser vivendo o amor em família e, especialmente, no casamento.

Agimos em uma dimensão reduzida. Sabemos em uma proporção simplista e, por isso, não é incomum termos uma relação mesquinha com Deus. Nos apequenamos demais envolvidos com as coisas aqui da Terra sem considerar o compromisso que firmamos um dia com Jesus. Não somos seguros sobre quem é o Senhor, o Pai, e o quanto Ele está disponível para nos transformar, nos redirecionar e

> ***"Não somos seguros sobre quem é o Senhor, o Pai, e o quanto Ele está disponível para nos transformar..."***

confirmar nossa salvação. É grave. É mais que um cônjuge perder o outro.

Portanto, clame a Deus por misericórdia. Um marido ou uma mulher em adultério, intrigas, brigas... Filhos em sofrimento. Família dividida. Voltem-se para a Verdade. De outra forma, o Reino de Deus poderá perder um soldado e o Senhor, perder um filho para o pecado. Renuncie ao pecado que está separando você da luz.

Oração

Senhor, ajuda-nos em nossa ignorância espiritual. Temos depreciado a Tua palavra e andado de forma estranha. Temos fugido do Teu aprisco e nos lançado em caminhos muito tortuosos. Ajuda-nos, Deus. Ajuda-nos. Nossa condição é má. Nossa experiência cristã está em crise. Nossa fé fraqueja e nossos joelhos estão bambos. Não se sustentam em oração, mas também não há forças para nos pôr de pé. Há muita confusão de sentimentos. Muitas atitudes que Te desagradam, mas que parecem boas e nos agradam o coração. Ajuda-nos, Deus. Não nos permita romper o compromisso do casamento. Ajuda-nos a amar como Tu amas. Tenha compaixão de nós.

Capítulo 8
O ESPÍRITO SANTO UNE O CASAL

Voltemos à história do casal sobre a qual falamos no início.

O marido dizia: "Não sinto mais o que sentia antes. Não dá mais para ficarmos juntos. É melhor cada um seguir sua vida..."

Agora, deixe-me fazer outras perguntas para reflexão:

Conhecendo o Senhor, quando Ele perguntar sobre o seu casamento, o que você dirá? Que o amor acabou? Ele ficará satisfeito com a resposta? Ficará convencido?

Imagine Deus ouvindo sua explicação e dizendo ao final: "Realmente quando o amor acaba não há a quem recorrer nem o que fazer. O melhor mesmo é se separarem e cada um seguir sua vida. Fizeram certo".

Isso é razoável?

Sendo Deus quem é, Ele não pode abastecer de amor um coração vazio? Sendo o Deus do impossível, não faria isso?

Eu penso no Senhor dizendo: "Por que não falou Comigo, filho? Teria feito seu coração transbordar de amor. Por que não seguiu Meus passos, não ouviu a Minha palavra e não buscou o Meu Espírito?"

> *"Ora, a esperança não confunde, porque o amor de Deus é derramado em nosso coração pelo Espírito Santo, que nos foi outorgado." (Romanos 5:5, ARA)*

Essa promessa é verdadeira ou falsa? Cremos nessa declaração bíblica ou não? Esse amor derramado pelo Espírito é suficiente para amar os de sua casa também ou se refere apenas ao amor pelos estranhos em campos missionários em terras distantes?

Aquele marido não sentia o desejo de continuar casado. Por seu modo de ver, a separação seria justa já que não existia sentimento de amor por ela. "Deus não quer isso para nós", ele dizia. "Separados poderemos ser mais felizes."

A esposa ainda nutria a esperança de que aquele quadro mudasse. Só não sabia o que fazer enquanto esperava. A indiferença dele a deixava profundamente frustrada.

> **"...principalmente as mulheres imaginam ter culpa pela falência da relação e alimentam a crença de não serem boas o suficiente para o marido."**

Mas poderia ser o contrário. Há mulheres que perderam completamente o interesse em seus maridos e agem da mesma forma. Não pense que estou atuando em favor das mulheres e contra os homens. De forma alguma. Todos estão sujeitos aos mesmos pecados e ambos são totalmente necessitados da misericórdia de Deus.

No entanto, é verdade que principalmente as mulheres imaginam ter culpa pela falência da relação e alimentam a crença de não serem boas o suficiente para o marido. Mas a verdade é que os dois são coautores do enfraquecimento ou amadurecimento da união. O casal precisa trabalhar junto para construir convivência harmônica, cuidar um do outro, oferecer conforto emocional, espiritual e também material.

Como já disse anteriormente, não há como um amor se manter vivo se somente um está interessado.

Aquele casal precisava urgentemente buscar a Deus, submeter-se a Ele e guardar os Seus mandamentos. Não no sentido de obras mortas, mas de obras espiritualmente vivas.

Quem age assim não é envergonhado. Quem vai a Deus e honestamente pede a Ele que lhe dê a capacidade de amar e honrar o compromisso conjugal ao mesmo tempo em que faz o que lhe corresponde pelo outro não será de modo algum decepcionado.

"Vejam! o braço do SENHOR *não está tão curto que não possa salvar, e o seu ouvido tão surdo que não possa ouvir." (Isaías 59:1, NVI)*

Do mesmo modo que o filho pródigo caiu em si, depois de algum tempo, aquele marido deu ouvidos ao Espírito Santo. Deteve-se no altar do Senhor. Assumiu a responsabilidade do voto conjugal e de levar até o fim o compromisso de amar sua esposa. "Cuidar dela na saúde e na doença. Na pobreza e na riqueza, para sempre." Foi uma decisão acompanhada do temor a Deus e da confiança em Sua graça. Uma decisão acompanhada de sacrifício, abrindo mão de ideias contrárias à vontade de Deus. Mas também foi de um movimento da fé que faria chover água viva sobre a sequidão dos seus sentimentos.

Aquele casamento foi restaurado porque o coração do marido considerou fazer o certo. Não quero que você pense que foi repentino.

O Espírito Santo foi convencendo-o do erro e trazendo da parte do Eterno Deus o que Lhe é próprio: o amor verdadeiro.

O que acontece é que a mente vai sendo influenciada pela graça de Deus e as ideias sobre a vida vão se tornando semelhantes às Dele. A vontade do Senhor vai sendo compreendida e assimilada. O coração, sendo curado e restaurado.

Estão juntos só por causa da filha? Não. Estão juntos por causa da igreja? Não. Estão juntos para dar satisfação à família dele ou dela? Não. Estão juntos porque o Senhor os uniu e nada poderá separá-los enquanto os dois estiverem amando o Pai.

Ao amarmos o Pai aprendemos quem Ele é. Não estou falando de frequentar a igreja, mas de estar em intimidade espiritual com o Deus Criador. Estou falando do banquete da Palavra. Da festa espiritual, das vestes limpas da justiça, da convivência amorosa, e da percepção do caráter de Deus.

Quando trocamos nossa vontade pela vontade de Deus e quebrantamos nosso coração sinceramente, o Espírito Eterno Se apropria de nós e nos ajuda a sair do terreno encantado de Satanás.

Já entendemos que não há problemas no casamento. Há problemas em nosso relacionamento com Deus e estes aparecerão nos relacionamentos. Não estou entrando em questões de saúde mental. Há muita gente transtornada e que não consegue estabilidade na relação.

Acabo de atender uma moça que descreve seu marido como narcisista. Um homem muito atraente, comunicativo, extrovertido, cheio de amigos e, mais ainda, de amigas. Traiu várias vezes. Mas um "santo" homem para muitos. Ninguém imagina que ele seja tão dissimulado tendo uma vida religiosa tão ativa.

A esposa nunca falou nada porque sente vergonha. Estão separados, mas ela dá desculpas para não expor a situação. Ele continua enganando com sua forma gentil de ser. Ninguém sabe da violência que praticava contra sua mulher.

Podemos dizer que ele é um perdido dentro da igreja. Um homem que é "religioso", mas não é convertido a Jesus. Também podemos pensar que ele tem um transtorno de personalidade. E o que esperar dele? Quase nada. Isso não é tão incomum. Muitas pessoas com transtornos sérios estão casadas. Imagine quantos homens e mulheres estão orando para o casamento dar certo, acham que Deus não os está ouvindo, mas o caso é psiquiátrico, e não uma questão de fé. É preciso ter sabedoria para reconhecer essa diferença. Não há dúvidas de que Deus atua nessa causa também, mas não sejamos imprudentes a ponto de desprezar o tratamento para as doenças mentais.

Quando é de ordem psiquiátrica, é preciso recorrer às ferramentas necessárias. Tratamento, psicoterapia e esforço para sair da enfermidade. Mas, quando a situação é de ordem moral e espiritual, temos o remédio somente em Deus. Ele nos faz nascer de novo. Ele nos faz novas pessoas. Ele nos faz parecidos com o próprio Jesus.

Somente onde Cristo reina pode haver amor firme e verdadeiro. Casamentos entre cristãos terminam por falta de uma real devoção a Deus. Não há projetos, realizações ou sonhos que possam sustentar um relacionamento que não esteja alicerçado nele. Ou temos o Espírito Santo, ou não haverá harmonia. Compartilho aqui a experiência da Fernanda e do Igor. Eles são prova do que você acabou de ler.

"Nossa história começa como a de muitos casais. Construímos nossa vida juntos, conquistamos nossos sonhos, crescemos profissionalmente, fizemos muitas viagens e muitos planos e, aparentemente, tudo estava em seu devido lugar.

Mas por trás dessa estabilidade aparente, havia algo que ignorávamos: Deus não era o centro do nosso casamento. Vivíamos ocupados demais com as coisas desse mundo. O que parecia ser só cansaço e rotina, na verdade, eram pequenas rachaduras que, com o tempo, se transformaram em abismos.

O primeiro grande abalo veio quando já estávamos com cinco anos de casados, pois descobri que estava grávida. Foi um dos dias mais felizes das nossas vidas. Sonhamos, escolhemos nomes e imaginamos o futuro. Porém, pouco tempo depois, fomos surpreendidos com uma gestação anembrionada.

Não havia bebê. Eu desabei.

Ao invés de essa dor nos unir, nos afastou ainda mais. Meu marido se refugiou no trabalho, estudos, viagens. Voltou a alimentar amizades que já haviam sido motivo de discussões e desconfiança.

Eu me via cada vez mais sozinha, lutando por um casamento que, aos poucos, parecia escapar das minhas mãos; até porque eu, enganada, achava que estava no controle da minha vida e da vida dele.

O distanciamento foi só aumentando, ele então começou com o discurso que não era mais feliz, até chegar ao ponto de dizer: "Eu não quero mais esse casamento". E assim, em novembro de 2012, ele saiu de casa. Mas casamento não é descartável. Eu sabia que tinha algo muito errado e passei a clamar por sabedoria; foi nesse momento que senti que fui chamada para lutar pela restauração de nossa relação. Em outras ocasiões, confesso que não fui sábia: eu o enfrentava, questionava, mexia em suas coisas pessoais, queria saber de tudo pois, erroneamente, pensava que era esperta, que estava no controle.

Minha posição passou a ser a de demonstrar amor, de lutar por minha família. Eu cercava meu marido com o que eu tinha, minhas orações e demonstrações de amor e carinho. Mesmo recebendo pouquíssima coisa em troca, ou mesmo nada, eu continuava e continuaria.

Foi nessa ocasião que aprendi e comecei a viver o jejum e a oração, a entender que não seria apenas uma campanha de oração ou um propósito de jejum, mas vários, muitas experiências e uma vida dedicada a entender qual o propósito de Deus para mim.

"Pergunte-me e eu lhe contarei coisas maravilhosas, segredos que você não sabe, a respeito do que está por vir." (Jeremias 33:3)

Minha mãe pediu que eu lesse 2Crônicas 20:17. Mais tarde outra amiga me deu essa mesma palavra: "Quando os encontrarem, porém, não terão de lutar. Tomem suas posições; depois, fiquem parados e vejam o livramento do Senhor. Ele está com vocês, povo de Judá e de Jerusalém. Não tenham medo nem desanimem. Saiam para enfrentá-los amanhã, pois o Senhor está com vocês!".

Além dessa luta, minha avó estava internada e veio a falecer no dia 16 de dezembro, era muita tristeza. A minha dor muitas vezes chegava a ser física, a dúvida vinha, temia, chorava, mas eu rejeitava que permanecessem em meu coração.

Após o Natal, antes de dormir, eu estava a sós com Deus e fui honesta com ele, pedindo que me ajudasse pois eu achava que não aguentava tanto sofrimento, que se, por acaso, não fosse esse o meu caminho, que ele tirasse do meu coração todo sentimento que eu tinha. Que ele me ajudasse a aceitar o fim.

No dia 26 de dezembro, achei que o meu dia seria tranquilo, até que meu marido me ligou chamando para almoçar. Fomos para nossa casa e ele, muito "honestamente", começou a me dizer que passara o Natal com a outra mulher, assumindo o relacionamento e que trazendo a urgência de que conversássemos a respeito do divórcio... Não adiantava tentar convencê-lo. Eu via a raiva em seus olhos.

Fui até a casa de uma amiga para orar (e para chorar), e ela estava com uma visita. Então eu fui para um quarto de sua casa, me joguei no tapete e esperei. Quando ela veio me ver, estava acompanhada de uma mulher que eu nunca tinha visto. A desconhecida foi orar por mim e, usada por Deus, disse palavra por palavra da minha oração do dia anterior. Enquanto isso, eu só chorava. Deus respondia, através da boca dela, que não tiraria do meu coração o desejo de ter meu marido de volta, que a luta era dele pois era ele quem estava colocando esse amor em mim.

O adultério é uma das formas mais expressivas do egoísmo humano. O adúltero só pensa nele e em seus próprios interesses, não se importa com os sentimentos de ninguém, somente com sua própria felicidade. Apesar disso, a cada dia, por mais que todos dissessem que não tinha jeito, o que importava era o que Deus dizia e pensava de mim. Eu sabia que quanto mais me aproximasse dele mais seria justificada. Eu cria e creio até hoje que o Senhor tem prazer em responder minhas orações, "Estamos certos de que ele nos ouve sempre que lhe pedimos algo conforme sua vontade. E, uma vez que sabemos que ele ouve nossos pedidos, também sabemos que ele nos dará o que pedimos" (1João 5:14-15). Não sabemos como, nem quando o milagre vai acontecer, mas sabemos que vai, por isso, no percurso até o milagre, precisamos nos guardar de tudo aquilo que tentará nos tirar o foco.

No dia 29 de março de 2013, estava em casa quando meu irmão, Thiago, chegou inesperadamente. Ele estava inquieto e ansioso. Após algumas horas chegaram meus amigos Cris e Ed e, em seguida, o meu pastor. Não estava entendendo muito bem o motivo da visita, até que, de forma muito amorosa, eles começaram a falar que eu era uma mulher digna, que a minha luta valia a pena e que, infelizmente, algo covarde e preanunciado havia acontecido: a outra mulher de meu esposo estava grávida. Eu não sei dizer se já havia sofrido tudo, se já havia sofrido muito... Só sei dizer que foi uma dor que não consigo descrever, a sensação era de que alguém tinha morrido, mas que esse alguém era eu.

O pecado tem um poder escravizador. Passamos a acreditar que é simplesmente impossível resistir a ele. "O pecado não é mais seu senhor, pois vocês já não vivem sob a lei, mas sob a graça de Deus" (Romanos 6:14). O que Deus planeja para o pecador é que ele se arrependa e dê as costas para o pecado, assim o perdão pode ser vivido em qualquer circunstância e Deus tem prazer em mostrar o seu amor. "Voltarás a ter compaixão de nós; pisarás nossas maldades sob teus pés e lançarás nossos pecados nas profundezas do mar." (Miqueias 7:19).

As vozes ao meu redor, muitas vezes diziam: "segue sua vida", "você não merece isso", "Deus tem algo melhor pra você", "não aceite passar por essa humilhação". Humanamente, essa era a realidade, mas dentro de mim, não conseguia entender que era o fim. Não daquela forma.

Decidi continuar lutando. Não contra meu marido, mas contra aquele que fez o pecado tomar formato de normalidade. Ele usa sofismas e heresias para enganar, para cauterizar os nossos sentimentos, mas a justiça e a verdade são armas incombatíveis do nosso Deus. "Porque o SENHOR, o Deus de Israel diz que odeia o divórcio" (Malaquias 2:16). Eu decidi tomar posse desta palavra porque é a verdade. Eu precisava enfrentar os olhares, os comentários, o peso do julgamento e, mais do que isso, a batalha da minha própria mente, sabendo que, independente das circunstâncias vividas enquanto eu orava, Deus estava trabalhando. Não era onde eu podia ver, mas onde só ele alcançava.

As certezas do meu marido começaram a ruir. A falsa felicidade e a ilusão de uma vida nova começaram a se desmontar. Deus começou a tratar as raízes: quebrou o orgulho, expôs a mentira, revelou as consequências. E aquilo que parecia ser definitivo e irreversível começou a ser desconstruído pelo próprio Deus.

Então, depois de meses de oração, lágrimas e muita dependência de Deus, o milagre começou a acontecer, porque o arrependimento também é um processo e, diga-se de passagem, um processo que pode ser demorado aos nossos olhos. Meu marido voltou. Voltou arrependido, transformado, disposto a recomeçar, não do ponto onde paramos, mas do zero, agora com Deus no centro.

O filho que nasceu daquela situação foi acolhido com amor e responsabilidade, sem ser impedimento para a reconstrução da nossa família. Após isso, Deus nos presenteou com dois filhos, a Marina e o Vitor. Entendemos que casamento é aliança, que filho é bênção. Deus é tão poderoso que transforma até as consequências das nossas escolhas em testemunho da sua graça.

Hoje, nosso casamento é um milagre vivo. Não porque somos perfeitos, mas porque somos prova da fidelidade de Deus que nos diz: "Vejam, faço novas todas as coisas!" (Apocalipse 21:5). Não é só uma promessa escrita — é uma realidade para quem crê, obedece e permanece. "'Porque eu sei os planos que tenho para vocês', diz o Senhor. 'São planos de bem, e não de mal, para lhes dar o futuro pelo qual anseiam'" (Jeremias 29:11).

Se você está lendo isso hoje, eu quero que saiba: não existe história perdida para Deus. Se ele restaurou o meu casamento, mesmo com traição, mesmo com uma gravidez fora da aliança, ele pode restaurar qualquer lar. Entenda que pessoas são restauradas e juntas podem restaurar seu casamento. "Quando os encontrarem, porém, não terão de lutar. Tomem suas posições; depois, fiquem parados e vejam o livramento do Senhor. Ele está com vocês, povo de Judá e de Jerusalém. Não tenham medo nem desanimem. Saiam para enfrentá-los amanhã, pois o Senhor está com vocês!". (2Crônicas 20:17).

Perdoar é ressignificar dores olhando para o autor da vida."

Por Fernanda Olmo Schaper Matos - @diariodeumdivorcio

Quando um coração é regenerado, a vida recomeça de um lugar em que a semente do amor brota e dá frutos para a honra e glória de Deus. Primeiro, Fernanda fez paz com Deus. Tornou-se uma intercessora e esperou Deus agir. Não fez do seu marido um ídolo. Fernanda fez de Deus a sua fortaleza e ele venceu por ela. O coração do Igor foi moído e se rendeu ao Senhor. Quando o Espirito Santo é recebido, nada pode impedir a vitória do amor.

Capítulo 9
SOBREVIVENTES

Quero falar ainda aos que insistiram, mas não conseguiram continuar o casamento. Não quero que leiam minhas palavras e sintam-se acusados. Meu interesse é apenas provocar em todos uma corrida urgente para os braços de Jesus.

Em situações de luta para manter uma relação, quando um é guerreiro o suficiente para usar as armas espirituais, ao menos este terá clareza e sabedoria para enfrentar e sobreviver. Poderá até perder a guerra porque o outro pode resistir ao intenso convite do Espírito Santo, mas a integridade física e mental do que ora e está ligado a Jesus será preservada na hora da angústia. Isso é muito importante.

É triste ver pessoas parecendo moribundas por causa do fim de um relacionamento, anos a fio, mas é digno quando resistem ao baque, quando o outro desistiu, e se mantêm corajosos e amparados pelo Senhor Jesus.

É necessário empreender atitudes positivas e decididas pelo casamento, mas, para isso, é preciso ter a vida em si; a vida de Cristo. É preciso ter visão espiritual e a certeza de que Deus dirá até quando é hora de ficar em campo ou sair da mira do inimigo.

Ninguém deve ficar escravo de sentimentos ou de outra pessoa. Pode esperar, pode dar chances, pode perdoar quantas vezes for necessário, mas desde que o que perdoa, o que aceita, o que recebe de volta esteja cheio da luz de Deus e faça isso porque acredita e está em condições emocionais e espirituais razoáveis.

> ***"Muitas pessoas perdoam uma traição, por exemplo, porque a religião manda, mas o coração está destruído."***

O que a luz de Deus faz? Ela clareia nossos sentimentos e nos deixa enxergar nossos limites, nossas condições e as condições do outro.

Muitas pessoas perdoam uma traição, por exemplo, porque a religião manda, mas o coração está destruído. Primeiro, é necessário buscar bálsamo para essa ferida.

Alguém dirá: "mas se eu não aceitar, se não permanecer, é porque não sou cristão". Não é o aceitar ou não aceitar que determina se você está em Cristo ou não. O que revela a presença de Deus na vida de alguém é o quanto ele tem paz espiritual e segurança na Palavra do Senhor para tomar as decisões que toma. Isso se mostrará em forma de lucidez.

> *"Tu, Senhor, conservarás em perfeita paz aquele cujo propósito é firme; porque ele confia em Ti." (Isaías 26:3, ARA)*

Seu propósito está em quem? Em Deus ou no casamento? Se for no casamento, você tem grandes chances de se frustrar, mas, se for em Deus, o relacionamento pode até findar, pela escolha do outro, porém a Rocha Eterna lhe dará segurança. Estando em um relacionamento íntimo com o Senhor, certamente não será você o causador da destruição do casamento, mas será o pacificador. E até um casamento que está aos pedaços poderá ser poderosamente restaurado.

Mas, do contrário, em vez de restauração, colherão um punhado de humilhações e não serão de modo algum respeitados.

Na hora da crise, ponha sua mente no Senhor. Confie inteiramente Nele. Somente Ele lhe dirá seguramente como e quando agir. Sua forma de falar é pessoal e direta, mas, para apreciar a resposta do Senhor, é necessário ter a mente consagrada. É necessário tempo de comunhão, oração, jejuns e leitura da Bíblia Sagrada. É necessário estar na companhia do Espírito Santo.

Capítulo 10
DA VIOLÊNCIA AO AMOR

"Não amemos de palavra nem de boca, mas em ação e em verdade." (1João 3:18, NVI)

Há muita leviandade em torno do que chamamos de amor. Cabe muito lembrar o que escreveu C. S. Lewis:

"O amor, tornando-se deus, transforma-se em demônio".

Ou seja, Deus é amor, mas o amor não é Deus. Assim como é verdadeiro dizer que amar sem a prática é completamente falso.

Amor envolve boa vontade, compreensão, paciência, perdão, doação... Amores verdadeiros se provam nas dificuldades. Insisto no amor que nasce no coração de Deus. Creio no amor que é doado do Céu e recebido aqui, por nós. Creio que um amor pode ser renovado, permanente e bonito. Como já dissemos antes, nosso amor não consegue sobreviver por muito tempo sem expressão, respeito, carinho. Porém, não se pode conceber que o amor acabe enquanto estamos na presença de Deus e nos empenhamos em beber da Sua fonte.

Tenho em mente os "cristãos" que não se reconciliam, não se renovam, não renascem. Entram na zona do conflito e ali permanecem. São briguentos, nocivos um ao outro, cegos em seus posicionamentos. Estou escrevendo e pensando nos que lotam as igrejas, mas ainda têm o coração vazio de amor e temor a Deus.

Quando Jesus chamou alguns homens para os designar apóstolos, entre eles estavam João e Tiago. Jesus mesmo Se referiu a eles como "Boanerges", que significa "filhos do trovão", por causa do temperamento difícil (Marcos 3:17). Mas aqueles homens foram transformados. Tornaram-se pilares da igreja de Cristo. João foi o último a morrer e, até hoje,

> ***"Estou escrevendo e pensando nos que lotam as igrejas, mas ainda têm o coração vazio de amor e temor a Deus."***

é conhecido como o discípulo amado. Isso revela que nossa proximidade com o Senhor produz nova vida. Transforma o estrondo do trovão em suave som de amor para a vida.

Lendo o evangelho segundo João e as cartas que ele enviou para as igrejas, notamos que ele se refere às pessoas como "amadas". A linguagem dele é totalmente diferente da maneira como agia e falava antes de conviver com Jesus. Antes, ele chegou a pedir permissão a Jesus para mandar cair fogo do Céu a fim de consumir os pecadores, mas, depois, dirige-se aos pecadores como filhinhos, amados, e os convida a amar o Senhor.

Assim, um homem que não sabe amar ou não sente mais amor por sua esposa pode aprender a amá-la como nunca amou. Uma esposa que não sente mais amor por seu marido, da mesma forma, pode aprender com Jesus como é amar de verdade.

Amar é antes de tudo uma questão de conversão e ligação real com Deus. Não é amor de sentimento humano, é amor que nasce do alto.

É profético que, no tempo do fim, antes da volta de Jesus, o "amor de muitos esfriaria" (Mateus 24:12), mas isso não precisa ser realidade na sua ou na minha vida cristã.

Que os casais que não estão envolvidos com o evangelho tenham a sua forma de resolver seus conflitos, mas os que conhecem a Palavra de Deus e dizem conhecer a Jesus devem ser diferentes. Suas crises (elas existem em qualquer relacionamento) não devem ser resolvidas em outro lugar a não ser no altar do Senhor. Ainda que busquem algum tipo de ajuda humana, é uma vida compromissada com a fé em Deus que irá testemunhar da glória do Senhor na experiência do casal.

Vou deixar aqui registrada a carta que um casal, que estava separado, recebeu de Ellen White, a escritora mais traduzida no mundo e uma voz profética para os adventistas do sétimo dia. Observe os motivos que os levaram à separação. Aliás foi um motivo só: orgulho.

Conselho a um casal separado:

> "Meu irmão, minha irmã, faz algum tempo que vocês não estão vivendo juntos. Vocês não deviam ter seguido nessa direção, e isso não teria acontecido se ambos tivessem cultivado a paciência, a bondade, a tolerância que devem existir entre marido e mulher. Nenhum de vocês tinha o direito de impor sua vontade e procurar executar as próprias ideias e planos, sem cuidar das consequências. Nenhum dos dois devia estar determinado a fazer o que melhor lhe parece. Deixem que a suave e subjugante influência do Espírito de Deus opere no coração e os capacite para a obra de educar os filhos. [...] Apelem ao Pai celestial para que os livre de cair na tentação de falar de maneira dura, voluntariosa, impaciente, um ao outro.Vocês dois, como todos os demais, têm caráter imperfeito. Como não se colocaram sob o controle de Deus, a conduta de um para com o outro não tem sido sábia. Suplico-lhes que se coloquem sob o controle de Deus. Quando tentados a falar de maneira provocante procurem nada dizer.

Serão tentados nesse ponto, porque jamais venceram esse péssimo traço de caráter. Mas todo mau hábito deve ser vencido. Façam uma completa entrega a Deus. Caiam sobre a Rocha, Cristo Jesus, e se deixem ser quebrantados. Como marido e mulher, devem se disciplinar. Necessitam ir a Cristo em busca de auxílio. Ele, de boa vontade, os ajudará com Sua divina simpatia, Sua livre graça. [...] É preciso arrepender-se diante de Deus em relação à sua conduta passada. Entrem em acordo, e reconciliem-se como esposo e esposa. Lancem para longe a infeliz e desagradável experiência de sua vida passada. Tomem coragem no Senhor. Fechem as janelas do coração para as coisas mundanas, e abram-nas em direção ao Céu. Se elevarem a voz ao Céu em oração em busca de luz, o Senhor Jesus, que é luz, vida, paz e alegria, ouvirá seu clamor. Ele, o Sol da Justiça, resplandecerá e iluminará a mente de vocês, clareando o templo da alma. Se saudarem o calor de Sua presença no lar, não irão ficar proferindo palavras que geram sentimentos de infelicidade."

(Fundamentos do Lar Cristão, p. 50, 51)

Se realmente Jesus foi aceito e entronizado na família, o comportamento, as palavras e todo o ambiente serão essencialmente amorosos. A crise pode ser grave. O casamento pode ter sido interrompido. Mas, havendo Deus, o impossível pode acontecer.

Quer ver? Leia a carta a seguir. Recebi de uma esposa que é testemunha disso.

> *"Eu e ele nos conhecemos em 1999 e namoramos por 1 ano e 7 meses.*
>
> *Nos casamos em 27 de outubro de 2000 e fui morar em Mogi das Cruzes. E, assim, fomos aprendendo um com o outro, ou seja, cada dia era um novo desafio. Mas, depois de um tempo, começamos a nos desentender. Orgulho, não sei. Tudo o que sei era que os conflitos estavam cada vez mais frequentes.*
>
> *Em 2004, engravidei. Sonho realizado. Esperávamos não apenas uma, mas duas meninas. Isso foi um novo desafio. Afinal, durante a minha gestação, fiquei muito debilitada. Nasceram muito pequenas, e uma das meninas ficou mais de quinze dias na UTI.*
>
> *A partir dali, começamos a nos preocupar demais com elas, já que precisavam de muitos cuidados médicos. E, em meio a esse turbilhão de aflição e preocupação, tantas idas e vindas ao hospital, o que já era algo tão frequente, percebemos que havíamos esquecido de nós, de nutrir e cuidar do amor que tínhamos um pelo outro. Sendo assim, o que já não estava bem foi piorando ainda mais.*
>
> *As filhas estavam se fortalecendo, mas nós, como casal, estávamos nos desentendendo mais e mais, e, mesmo convivendo debaixo do mesmo teto, estávamos ficando cada vez mais distantes. Até que, após dois anos de muito conflito entre nós, ele resolveu sair de casa.*
>
> *Assim como através de cartas ele havia me conquistado, ele usou aquilo que havia me aproximado para agora dizer que me amava, mas precisava de um tempo, que estava perdido.*

Pensei em ser forte e resolvi ir com minhas filhas para o Paraná. Contei com a ajuda de minha família e, quando estava começando a me recuperar, ele foi nos visitar. Conversamos, brigamos e vimos que não tinha como tentar uma reconciliação.

Cada vez que nos víamos, nos primeiros minutos parecia que ia ficar tudo bem. No entanto, em seguida vinham as brigas, as discussões e, por fim, as ofensas. Até que o divórcio se tornou inevitável. Agora sim, o pior havia chegado. Com o divórcio, entrei em depressão, pois parecia que um pedaço de mim tinha sido arrancado.

E, assim, a vida seguia triste. Parecia não ter sentido. E, cada vez que eu via meu ex-marido, ficava confusa, pois não aceitava meu lar desfeito e minhas filhas crescendo sem o pai presente no lar que, por direito, era nosso. O lar que Deus formou para nós. Afinal, sempre acreditei no que diz a palavra de Deus: "o que Ele uniu não separe o homem". Sendo assim, sempre que ele se aproximava, parecia que nascia de novo aquela esperança.

As meninas crescendo, e eu podia olhar no fundo dos olhinhos delas e ver a tristeza que estava por trás daqueles semblantes tão inocentes.

Foi aí que resolvi acreditar que Deus restaura e faz novas todas as coisas. Comecei a orar, buscar com fé. Aliás, acho que, na verdade, nunca tinha perdido a esperança.

Porém, quando estamos nesse processo de querer receber a bênção, há dias em que estamos tão confiantes, e outros em que não conseguimos enxergar uma solução. Mas, quando pensava em desistir, Deus colocava pessoas em meu caminho, pessoas que se tornavam em anjos para me incentivar e acreditar na vitória.

O tempo foi passando, eu já estava um pouco melhor, retomando a vida, fazendo o tratamento para depressão, morando somente com minhas filhas. Então, ele começou a se aproximar cada vez mais.

Até que um dia, ao saber da minha história, o pastor nos pediu para darmos uma oportunidade para Deus restaurar nossa família.

Houve muita indecisão por parte do meu ex-marido, e dureza de coração. Para avançarmos, foram necessárias muita perseverança em oração e confiança em Deus. E foi permitindo o agir de Deus pouco a pouco que a transformação no coração dele e no meu também ocorreu.

E, no dia 27 de novembro de 2015, nove anos após ele ter ido embora, nos casamos novamente pela graça de Deus. Hoje, o que sinto é gratidão por tudo o que Deus me ajudou a passar e a suportar para poder compartilhar com vocês."

Capítulo 11
AMOR E DISCERNIMENTO

Não veja somente o final feliz. Preste atenção no percurso, na jornada. Tudo começa com uma decisão de confiar em Deus. Ele é a âncora que sustenta em momentos de dor e não deixa ninguém à deriva do acaso. Ele é a esperança viva.

Quero que você compreenda que na expectativa de restaurar o casamento não havia uma mulher obcecada pelo retorno do marido, mas uma mulher confiante no poder de Deus enquanto se tratava, trabalhava, cuidava das filhas, estava na igreja e vivia com dignidade.

É preciso considerar que fé é confiar absolutamente em Deus em qualquer circunstância. E confiança tem a ver com deixar que Ele trabalhe livremente. Não é um governo que precise de pressão para agir. Ele governa sobre tudo e sobre todos, com Seus critérios, Suas leis e Seu Espírito.

É preciso observar que algumas pessoas esquecem disso e, após o fim de um casamento, ficam paralisadas e só pensam em se movimentar quando o casamento for restaurado; quando o problema for resolvido. Elas permanecem prostradas, amargas, vítimas. Perdem o senso e se desesperam.

O problema é que pessoas desesperadas não conseguem usar a razão para discernir os fatos. Tornam-se irracionais. O que gera um grande risco de confundir fé com obsessão.

Como saber o que é fé? A fé é operante e a reconhecemos quando somos encorajados pelo Espírito Santo a continuar vivendo e deixando com Deus aquilo que é para Ele realizar. Assim é que temos paz mental.

Já imaginou se aquela mulher tivesse permanecido quase uma década, obsessivamente esperando pelo ex-marido sem prosseguir seu caminho? Talvez, hoje, não estivesse celebrando a restauração de seu casamento.

Quando caiu em depressão, foi buscar ajuda. Quando estava desanimada, corria para o Senhor. Tinha um fio de esperança que a sustentava até mesmo quando sua fé estava mais fraca. Afinal, há dias em que nossa fé está pequena. Mesmo assim, Deus é nosso conforto. Devemos confiar que Deus nos ama até nos dias em que nossa fé fraqueja.

Também é preciso lembrar que cada coração é uma caixinha de segredos. O Senhor irá trabalhar até a última hora para iluminar uma vida, mas a luz nunca penetrará completamente em um coração cuja porta não foi aberta por dentro. Não por falta do poder de Deus, mas porque jamais alguém será forçado a fazer o que decididamente não deseja, não quer ou rejeita.

Mesmo assim, saiba que Deus fará tudo. Tudo que for possível para tocar o coração de alguém. Mas muitos resistirão e não se deixarão ser tocados pelo suave Espírito.

Entretanto, sua parte é crer e deixar Deus agir. Aceitar ou resistir é decisão de cada um, esse é um direito concedido pelo Senhor que não muda.

O Senhor insistirá com Seus filhos em todos os lugares. Enviará mensageiros, os anjos, o Espírito Santo. Dará sinais, disciplinas, exortações... Insistirá com amor, e, em alguns casos, pode até permitir a dor, mas nunca arrastará ninguém para casa como faria um senhor de escravos. No Reino de Deus, o princípio da liberdade é inegociável.

Portanto, nunca pense que sua fé obriga o Céu ou que o Céu obriga alguém a mudar. O Céu inteiro trabalha, mas a decisão é direito exclusivo de cada indivíduo. Quer seja para a vida ou para a morte. O que o homem decidir, após os apelos do Senhor, estará decidido. O certo é que quem está em batalha espiritual para enfrentar uma crise apresente súplicas a Deus com um coração contrito, sofrido, com fé e lágrimas, mas descanse depois de entregar suas aflições aos pés do Senhor. Isso significa dizer o quanto está desejando o milagre, mas não é um desesperado ou desesperada. Antes de tudo, a fé permitirá ao sofredor ter paz.

Enquanto isso, o Espírito estará agindo perfeitamente. Fazendo o quê? Curando a ferida. Limpando a mente. Iluminando as percepções. Dando sabedoria para enfrentar a luta. Em favor do que ora, virá a luz. E repito que, depois ou ao mesmo tempo, o Senhor trabalhará para convencer a outra pessoa. Mas, se a pessoa, insistentemente, não aceitar os argumentos do Espírito e não se arrepender?

Chegará a hora em que será dito: "Continue o justo fazendo justiça e o injusto a cometer injustiça" (cf. Apocalipse 22:11). Essa é uma prova de que nem todos responderão positivamente aos apelos de Deus. Se isso não ficar claro, podemos achar que oramos e clamamos em vão... que tudo mudará fora de nós. Não. O que é garantido é que o Espírito Santo transforma o cenário, primeiramente, dentro de nós. Até mesmo Jesus teve que lidar com a frustração por não ter sido aceito por todos, o que significa dizer que nem mesmo o Filho de Deus pôde transferir o cálice, mas Sua confiança e amor ao Pai O fizeram transbordar até na cruz. Compreender isso evita a frustração doentia. Nisso se aplica a parte de Deus e a parte do homem.

Capítulo 12

QUANDO NÃO SABEMOS AMAR

A seguir, você conhecerá a história de uma mulher que simplesmente não conseguia amar, não sabia amar. Mesmo casada, não conseguiu manter o vínculo necessário para ficar junto ao homem com quem imaginou que estaria para sempre.

Pediu o divórcio. Sentia repulsa do marido. Não estava envolvida com ninguém. Simplesmente não queria mais a companhia daquele homem. Tentou, mas não deu certo. O melhor era colocar um ponto final à relação. Não é necessário entrar em detalhes sobre o que ocorreu para os dois após a separação. Só lhe asseguro que nem um deles foi feliz, apesar de a vida continuar com sua aparência de felicidade.

"Gosto de escrever e faço isso com relativa facilidade. Entretanto, escrever as linhas que se seguem, compartilhar minha história de amor, foi um desafio. Não por ter dúvidas sobre quais letras eu deveria usar, mas porque eu precisaria me revisitar, vasculhar em mim momentos, os quais nem sempre consigo transformar em frases. Revisitar-me implica me encontrar comigo mesma, com minhas fragilidades, minhas quedas, minhas contradições, correndo o risco de as pessoas não compreenderem a minha ignorância sobre o real significado do amor, trombar-me com o meu próprio olhar sobre o sofrimento, com aquilo que não consigo nomear para colocar no papel. Revisitar-me significa que não consigo treinar-me para a dor. primeiro vivo, depois aprendo. É um processo. Nem sempre consigo dar-me as boas-vindas durante a visita às minhas lembranças. Por essa razão, pedi a Deus para estar comigo enquanto digito não uma série de palavras, mas fragmentos de mim mesma no período do divórcio.

Fui alfabetizada no amor pelos capítulos de novelas, cenas arrebatadoras dos filmes de hollywood e canções que inculcaram um conceito em minha mente adolescente de que o amor é sentimental, doentio, egoísta, dependente. Internalizei, a partir de tudo o que consumia e vivia, os sabores do tal amor com o qual tive intimidade. Lógico que me casar com essas fábulas em mente não faria bem. Claro, é a percepção que tenho hoje, mas não tinha na época. Casei-me muito nova, e comecei a esperar do marido aquilo que ele não sabia nem podia me dar. Lançando novo olhar, esperava um amor para o qual nunca encontrei raízes na Bíblia.

Depois de casada, vivemos bem os primeiros anos. Porém, após um aborto espontâneo, tudo começou a desmoronar. Não sei contar exatamente em que momento eu me perdi do meu marido, e vice-versa, todavia sei que silenciosamente nos afastamos um do outro.

Era um silêncio nocivo que falava, que gritava, que pedia socorro, entretanto, nossos sentidos estavam tão contaminados que não compreendemos a gravidade daquele afastamento. Bastou pouco tempo para que aquilo, que era característica do nosso cotidiano, nosso jeito de ser, se agigantasse de tal forma que se tornasse tão pesado e fadado ao fracasso.

Nada do que ele pudesse vir a fazer, a partir dali, poderia mudar minha decisão. ainda permanecemos casados por, aproximadamente, mais 3 anos. Eu, completamente infeliz. Frequentávamos a igreja, participávamos dos compromissos religiosos. Separamo-nos por incompatibilidade de gênio. Esse foi o nome que encontrei para acariciar meu orgulho, meu egoísmo, minha imaturidade, minha dor.

Depois de quase 14 anos de divórcio, depois de termos percorrido um caminho tão cheio de pedras, sentindo-me amputada por conta dessa tal incompatibilidade de gênio, sentindo-me vazia, fui levada a buscar em Deus uma solução. Somente após tantos anos, tive coragem de convesar abertamente com Deus sobre as circunstâncias do meu divórcio e sobre cada marca que havia em mim decorrente dessa decisão. Não foi fácil desnudar meu coração na presença do Senhor. Nunca consegui fazê-lo de uma única vez. Em partes, em gotas, devagar, pois a dor era tamanha que me subtraía as palavras. Por vezes, o único diálogo que conseguia oferecer ao Senhor era uma lágrima.

O que ocorreu nos últimos 14 anos? Quantos presidentes elegemos? Quantas novas tecnologias surgiram e como mudaram nosso jeito de viver? Quantas novas doenças tomaram conta das manchetes? Quantas descobertas relevantes os cientistas fizeram? Quantas amigas minhas tiveram seus filhos? Algumas até se tornaram avós. Cresci intelectualmente, prosperei, viajei, fiz tantas coisas interessantes depois de meu divórcio. Mas, então, por que eu me sentia tão desconfortável com o estado civil, tão cheia de abismos depois de páginas e páginas de história registrada? Por que eu me sentia no mesmo lugar, no mesmo tempo... tão... sei lá que nome dar. Eu estava distante do casamento, dessa condição, há 14 anos, porém, paradoxalmente, esse passado era tão recorrente, confundindo-se com o presente a ponto de influenciar minhas decisões, explicações, orações. Para tudo, precisava levar em consideração o fato de ser divorciada. Quanto eu ficava constrangida com esse rótulo, o quanto desconversava sobre o assunto. Quantas vezes tive que me policiar para que esse fato não fosse meu cartão de visitas.

Um dia, encontrei uma resposta que mudou todo o meu jeito de perceber o amor. Em oração, veio-me a frase: 'Deus, eu quero aprender a amar'. Eu mesma me surpreendi com o que falei. Como assim 'aprender a amar'? Dizer a alguém que eu estava aprendendo a amá-lo poderia até soar como desconcertante. Amar nunca foi fácil para mim, porque o tal amor, a vida inteira, só me subtraiu, só me machucou, só me confundiu, só me desorganizou, só exigiu de mim aquilo que deve ser oferecido apenas a Deus. Isso não pode ser amor. "Deus, eu não sei amar." Que dor profunda! Passar uma vida inteira não sabendo amar.

Durante um tempo, depois de uma intensa reflexão e busca, Deus me levou a viver circunstâncias em que me confrontei com as regras do tal amor internalizado, com as concessões que eu mesma me permitia fazer, com as autorizações absurdas que dava ao outro, com os limites nunca impostos. Percebi que conseguia ver, ainda que obscuramente, nuances diferentes do que havia visto e sentido até aquele momento. 'Deus, tem algo errado com a forma que eu dou e recebo amor, pois agora me encontro contra a parede diante do que o Senhor desperta em meu entendimento ao ler o que está registrado em 1João 4:16, 1Coríntios 13, Romanos 5:5, Romanos 7:25, entre tantos outros textos. Deus, eu quero aprender a amar dessa forma!'

Comecei a devorar tudo o que acrescentava tranquilidade a meu relacionamento com Deus. Aprendi que, quando tudo está fora de lugar e não se sabe o que fazer, devemos começar pela palavra do Senhor. Tomei outra decisão importante: não dar a mais ninguém o direito de me subtrair em troca de um bocado de sentimento perigoso, que nem nome eu sabia dar, mas que já tinha a certeza de que não era amor. Aos poucos, retirei de minha vida tudo aquilo que pudesse ofuscar minha percepção sobre o assunto.

Certa vez, na Rádio Novo Tempo, enquanto um testemunho gravado era veiculado, eu orava e pedia a Deus uma oportunidade para aprender a amar. Conversava com o Senhor a respeito da minha necessidade de constituir família. Ao aumentar o som para verificar se o testemunho havia terminado, se era o momento de eu fazer a locução chamando a próxima música, ouvi uma mulher dizer que, após se encontrar com Jesus, havia retomado seu casamento. Havia se casado oficialmente de novo com o mesmo marido (pausa para respirar... respirar fundo). Silenciei-me. Não consegui fazer a locução que deveria na sequência. Pense em uma flecha em meu peito. Eu não consegui continuar minha oração. Não consegui falar mais nada com Deus naquele instante. Meus sentimentos e pensamentos se desorganizaram em profunda angústia. Até então, isso sequer tinha passado pela minha mente. 'Como assim?

Retomar um casamento depois de 14 anos? Que loucura! Isso vai contra tudo, absolutamente tudo o que havia construído e planejado. O Senhor não está me sugerindo isso, Deus.'

As palavras da moça do testemunho, no programa de rádio, não saíam da minha mente. Agora não era só o divórcio em si que ocupava minha mente, mas a imagem de meu ex-marido. Precisei de tempo, fugi diversas vezes desse pensamento, precisei me calar na presença de Deus para que meu coração pudesse ser acalmado. Uma tempestade de ideias me afogava. Começou a ficar nítido, em meu semblante, que algo levava meu pensamento para longe. Quem prestasse um pouquinho só de atenção, perceberia em meu olhar uma dor, um sofrimento, um conflito muito forte. Muitas vezes tive medo de orar ao pensar que o Espírito Santo pudesse insistir naquela sugestão.

'Meu Deus, e se eu não conseguir ser aquela esposa de Provérbios 31? E se não der certo de novo? E como vou me reaproximar dele? E se ele não quiser? Deus, não faça isso comigo!' Após ficar indignada com a proposta que o Espírito Santo me fazia, durante a semana o Senhor falava comigo, quase que sussurrando: 'Quando não souber ser a esposa do livro de Provérbios, você olhará para Mim. Deixará de olhar para o problema e olhará para Mim'. Custei a acreditar, custei a aceitar a possibilidade de que isso pudesse acontecer. Ao mesmo tempo em que eu travava uma luta contra aquela insistente sugestão, Deus, esse Ser maravilhoso, fazia o mesmo com meu ex-marido. O Espírito Santo criou circunstâncias para uma reaproximação. Senti raiva, medo, falta de ar, indignação, fiz pirraça mesmo, chorei no altar do Senhor, vi um mundo mudando de lugar dentro de mim e hesitei até o último momento. Nem sabia por onde começar uma conversa com meu ex, embora ele agora não saísse mais do meu pensamento.

'Deus, o que se conversa com quem foi seu marido após 14 anos de poucos contatos, norteados apenas pela cordialidade ou

necessidade? Como eu o cumprimentaria? Durante a conversa, vou olhar para onde? Para os olhos dele? Para o além?'

Enquanto o aguardava para nos falarmos pela primeira vez, pensei em desistir um bilhão de vezes e me senti a pessoa mais ridícula do mundo! Entretanto, quando me deparei novamente com meu ex-marido, um instante de cada vez, em pequenas atitudes de gentileza e bondade, conversando sobre uma coisa e outra, ele me arrancava sorrisos por conta do carinho e da saudade que ainda nutria por mim. Pela primeira vez na vida, em cada aproximação, percebi virtudes que somente ele tinha e que tanto me encantaram no passado. Um encontro após o outro, fomos liberando perdão e clamamos ao Senhor para que ele pudesse nos dar uma nova chance. Ele estava solteiro e decidimos nos casar de novo.

Na porta da igreja, no dia do casamento, eu não cabia dentro de mim mesma por conta de tamanha emoção. Ver minha igreja, minha família, meus amigos, pessoas que choraram conosco, que nos abraçaram com as orações durante tantos anos, ali, emocionados. Tudo aquilo foi imensurável. Quando as portas do templo se abriram e eu o avistei no altar me esperando... Ufa! Ali estava não apenas um noivo esperando sua noiva atrasada... Ali estava o homem da minha vida, o qual me esperou por quase 14 anos para renovar nosso laço matrimonial. O homem da minha vida. Não consigo encontrar palavras para descrever a mudança que ocorreu dentro de mim, dentro de nós.

Hoje, quando meu olhar encontra o dele, quando encosto minha cabeça no ombro dele, fecho os olhos e converso em segredo com Deus: 'Como pudemos nos deixar? O que é isso que o Senhor derramou em nosso coração? Como assim olhar e querê-lo perto? Como assim olhar e sentir orgulho da pessoa que ele é? Como assim sentir saudade? Como assim sentir o coração tão cheio de 'eu amo você'? Eu amo você? Como assim? Aprendendo a amar. Escolhi o verbo no gerúndio porque ele significa uma ação em andamento, um processo, o durante, o movimento constante. Nunca foi sentimento. Sempre foi ação, sempre foi agir, sempre foi Deus.

Aprendendo a amar, descobri que não existe incompatibilidade de gênio para adocicar o divórcio. Sempre haverá incompatibilidade pois somos seres únicos, diferentes um do outro. Entretanto, nossas diferenças devem edificar um ao outro. Nossas diferenças precisam ser saudáveis. Aprendendo a amar, descobri que preciso submeter minha mente ao controle do Espírito Santo todos os dias antes de começar minhas atividades, pois meus sentimentos são traiçoeiros e minha palavra pode ser voraz. Aprendendo a amar, descobri que terei que me calar algumas vezes. Aprendendo a amar, já percebi que existirão circunstâncias em que terei que tomar decisões baseadas não no que sinto, mas no que creio. Aprendendo a amar, descobri que o perdão é parceiro do amor e que não posso trazer à tona o que decidimos deixar no passado. Aprendendo a amar, sei que terei que passar tempo olhando para Deus quando não souber lidar com algum problema no casamento. Às vezes, muito tempo mesmo.

Casamento é uma instituição divina e esta tem sido minha oração: 'Precisa dar certo, porque tudo o que o Senhor faz é bom. Deve haver caminhos não romantizados, não hollywoodianos, mas prazerosos para escolhermos ficar um com o outro pelo resto da vida. Escolher-mos amar um ao outro. Não por imposição, não por constrangimento, não porque se precisa de coragem para enfrentar o divórcio, não apenas por conta do conselho da igreja, mas por escolha, porque eu quero amá-lo todos os dias. Deus, eu quero aprender. Eu me coloco à disposição para aprender a honrar Sua instituição. Entendi que aprender a amar me faz ativa no processo de aprendizagem.

Quando o meu querer me contradisser, eu libero espaço para o Seu agir em minha vontade. Quando minhas lendas contrariarem Seus princípios, venha me socorrer. Não me permita mais sair da

Sua presença que hoje inunda meu coração de amor, pois o que eu tanto busquei esteve sempre ao alcance de uma oração.'

O problema não está na instituição. Se é sagrada, gera bênçãos. Nunca há problemas com o sagrado. O problema sou eu. O divórcio deixou marcas que traspassaram as paredes da minha casa. Deixou um recado para mim mesma, para o outro, para minha família, meus amigos, minha vizinhança, minha igreja, escola, para o cobrador do ônibus do meu bairro, e até para o dono daquela padaria com quem eu mal conversava.

Nunca mais quero viver a experiência do divórcio. Por isso, escolhi entender que todo o sofrimento é didático, e o melhor que eu tenho a fazer é pedir ao Senhor que abra meus olhos para tirar o melhor da experiência para o meu crescimento. Não sei como serão os novos dias de casada. Não dei continuidade a um casamento, mas comecei um novo matrimônio. Há novas perguntas, novos desafios. Quero olhar para Deus quando eu simplesmente não compreender o que se passa. Eu nunca mais quero trilhar as pegadas do divórcio. A lição que tiro dele foi forjada no vale da dor.

E antes que você, leitor ou leitora, vire a página outra vez, eu não posso deixar de dar um recado: meu marido, meu amor, eu nunca fui tão feliz!".

E o melhor de tudo é que vimos outra vez um casamento refeito, uma família reunida quando os apelos do Espírito Santo foram ouvidos por ambos.

Capítulo 13
EVITE A DESTRUIÇÃO

É necessário vigiar a mente, os pensamentos. Não se permitir divagar em fantasias que não correspondam aos princípios morais e espirituais. Vigiar para não cair em tentação. Vigiar os olhos para não deixá-los livres na contemplação do que é indevido. Vigiar contra os desejos destrutivos, fazendo-os passar pelo crivo do Espírito Santo. Vigiar é ficar em estado de alerta, cauteloso com o que ocorre, principalmente, dentro do próprio coração, ou seja, na mente.

> *"O coração é enganoso." (Jeremias 17:9, BKJ)*

Nossa mente precisa ser regenerada pelo Senhor para que nossos ideais sejam corretos.

> *"Fostes regenerados não a partir de uma semente perecível, mas imperecível, por meio da palavra de Deus, a qual é viva e operosa por toda a eternidade." (1Pedro 1:23, BKJA)*

E, mesmo tendo um coração regenerado, não há garantias para além do momento presente. É um cuidado contínuo. Uma luta diária contra o próprio eu. Uma cuidadosa rotina de pedir que o Espírito Santo perscrute a mente e limpe-a de qualquer vestígio do mal.

O zelo e a vigilância eram caraterísticos da vida de Jó, assim como deveria ser em nossa vida.

Jó, como sacerdote da família, oferecia sacrifícios pelos filhos temendo que eles tivessem pecado contra o Senhor enquanto festejavam (Jó 1:5).

Jó era um ser fanático ou alguém perturbado? Não. Segundo o próprio Deus, e reconhecido até por Satanás, ele era o homem mais justo da Terra. Talvez, tenhamos que aprender com ele.

É necessário vigilância porque fomos concebidos em pecado. Nossa carne guerreia contra o que é espiritual. Por isso, nossa única esperança é insistir em uma vida ligada à de Jesus Cristo.

Homens e mulheres de grande prestígio caem em tentação como os mais simples. Tanto faz ser um grande pregador, teólogo, cientista, físico, astronauta ou alguém que ocupa o mais simples posto nesta vida... todos somos sujeitos a pecar contra o Senhor. E agora me refiro especialmente aos pecados que matam a "alma", escravizam e comprometem nossa salvação.

> *"...O homem é escravo daquilo que o domina." (2Pedro 2:19, NVI)*

Muitas vezes os casais não dão atenção às coisas simples, mas que são danosas. Desenvolvem muita intimidade com amigos do sexo oposto, tornam-se muito próximos, despertam sentimentos indevidos trocando mensagens, palavras carinhosas... Confiam que é apenas amizade. Não. Isso é inconveniente e pode deslizar a qualquer momento para um adultério. Não importa se é esposa do melhor amigo, não importa se é a melhor amiga ou amigo... A relação conjugal precisa ser preservada da presença de quem quer que seja.

Não podemos confiar em nossas carências. A qualquer momento elas surgem com dentes afiados e somos pegos em uma emboscada. Fazer contato com ex-namorados nas redes sociais, buscar paixões antigas para saber como estão hoje. Armadilhas. Isso são armadilhas, e não se pode ficar tão seguro de si. Vale lembrar:

> *"Se vocês pensam que estão de pé, cuidem para que não caiam." (1Coríntios 10:12)*

Também é muito importante manter as primeiras atenções e dar fluidez aos sentimentos em relação ao cônjuge. Surpreender, motivar, alegrar, criar boas expectativas e atendê-las com entusiasmo. O amor gerado no coração de Deus se multiplica entre pessoas generosas. Não é inerte, mas ativo. Não é despretensioso, mas tem, sim, a pretensão de ser eterno. É cuidadoso com as palavras, com o abraço mais demorado, com o tom de voz, com a gentileza, o carinho.

Já que falei sobre o homem mais justo da Terra; veja só a sua conduta:

Dentre as tantas virtudes de Jó, estava a fidelidade conjugal. Fez uma aliança com seus próprios olhos para não olhar com cobiça para outra mulher. E justificava dizendo que temia a desgraça que viria sobre os que praticam o mal.

> *"Se minha conduta foi falsa, e se procurei enganar alguém, que Deus me pese numa balança justa [...]. Se meu coração foi seduzido por uma mulher, ou se cobicei a esposa de meu próximo [...]. Pois a cobiça é um pecado vergonhoso, um crime que merece castigo. É fogo que tudo consome, levando à destruição. Capaz de destruir tudo que tenho." (Jó 31:5-12)*

Deus lê o coração e vê a honestidade que desempenhamos no casamento. Serão colocados na balança justa do Senhor todo pensamento e toda atitude de infidelidade. O Senhor pedirá conta das piadas sujas, das fantasias sexuais medonhas, da imoralidade e pornografia disfarçadas de pimentas para esquentar a relação. Os vícios, os estupros que homens cometem com mulheres obrigadas a ceder a suas práticas loucas enquanto sofrem ameaçadas tais como: "ou você faz ou será trocada por outra que faça". Ou até mesmo a indiferença sexual. Não quero, não gosto, não me importo.

> *"Honrem o casamento e mantenham pura a união conjugal, pois Deus certamente julgará os impuros e os adúlteros." (Hebreus 13:4)*

Até aqui, tenho tentado fazer você pensar sobre o poder de Deus para restaurar o que estava quebrado e para manter aquilo que ainda está inteiro. A todo o tempo, pretendo levar você a considerar a fé. No dia em que as pessoas desses relatos decidiram viver pela fé, o milagre aconteceu.

O milagre sempre procede da fé. Crer no poder de Deus para trazer à existência o que antes não existia é acertar o caminho para o lugar onde você deseja chegar. Diria que, a princípio, é imaginário, é da sua experiência mais íntima, mas poderá ser real, visível, prático.

Não é ter fé na fé. Não. É ter fé em Deus e saber que Ele toma sua fé, gerada pelo Espírito Santo, e intensificada pelo componente humano chamado decisão e confiança. Entrega total. Sem reservas.

Também não é fé no milagre. Não é obsessão por um determinado objeto de desejo. Também não é dormir e acordar pensando no casamento perfeito, nos filhos dos seus sonhos, na vida de sucesso, na restauração da família ou qualquer coisa assim, mas é nutrir a fé em Deus e em Sua Palavra. Ele é quem deve ocupar o primeiro lugar em seus pensamentos e atitudes. Uma forma de viver baseada em quem é Deus. Ele nunca falha.

Deus lhe deu a Palavra como garantia de que Ele governa todos os mundos e os sustenta com Seu poder. Nada escapa do Senhor. E não será sua história, seu drama, portanto, sua vida, que será como um trem desgovernado, fora do trilho. Tem um maquinista aí. Não existia forma no mundo e Ele deu forma, cores, brilho, luzes, perfumes, prazeres, amor. Por qual motivo seu mundo permaneceria escuro e infeliz? Por quê? Quem foi que mentiu para você dizendo horrores a seus ouvidos para que você não discernisse o som da voz de Deus falando que ama

> ***"O Senhor pedirá conta das piadas sujas, das fantasias sexuais medonhas, da imoralidade e pornografia disfarçadas de pimentas para esquentar a relação."***

você de qualquer forma? Foi a velha Serpente? A mesma que mentiu para a linda mulher no Éden? Vou lhe contar uma coisa: sutil, como sempre, ela deve ter se aproveitado do pó do pecado sobre o qual rasteja agora, para sujar sua face, seu sorriso, seus pensamentos, sua paz. Aproveitou-se dos pesares da vida e veio lambuzar seu coração com falsidades. Conta uma mentira para você como se fosse uma verdade incontestável. Manipula com astúcia maligna quase irresistível. Mas veja: você tem o poder de barrar o enganador. Sim. Você em Deus. Você na Rocha Eterna e na Palavra.

Não é o Senhor quem decide por você. Nunca. Não é o Senhor quem determina sua vida, mas é você quem escolhe aceitar ou rejeitar o que Satanás fala ou o que o Criador do Universo assegura.

> *"Escolham hoje a quem servirão." (Josué 24:15)*

> *"Quando vocês e os seus filhos voltarem para o Senhor, para o seu Deus, e lhe obedecerem de todo o coração e de toda a alma, de acordo com tudo o que hoje lhes ordeno, então o Senhor, o seu Deus, lhes trará restauração." (Deuteronômio 30:2-3, NVI)*

Vamos lá! Você vai continuar nesse lamento pelo que deu errado? Sabia que Satanás usa muitos fatores que perturbam naturalmente para escravizar você espiritualmente? Sabia que tendências naturais, questões pessoais que são consideradas a luz das emoções, da personalidade, da ambientação e dos relacionamentos, são estudadas por Satanás para desferir agonias mentais e espirituais? O prazer dele é confundir o ser humano. Deixar inseguro, desesperançado, desanimado e infeliz. A quem mais interessa nos ver arruinados?

Veja nos textos sagrados a respeito dos dias de Jesus na Terra. Lá em Israel, em Jerusalém e arredores, parece que todo o exército do mal se concentrou naquele lugar. Nunca se ouviu falar em tanta possessão. E, agora, quando está próxima a segunda volta de Jesus, tenho certeza de que a ira maligna está ainda mais determinada a possuir milhões. Nem tudo é só das relações humanas naturais. Há muita atividade satânica em nosso meio.

Temos presenciado e vivido experiências muito traumáticas, estressantes. É fácil entender que é mais natural sentir o que sentimos, pensar no que pensamos e reagir como reagimos. Estamos agonizando no fim da vida da Terra. Gatilhos disparam e atingem em cheio nossas debilidades. A distância do ideal de Deus é tão grande que vivemos pendurados no fio da vida que resta da abundância que existia no Éden. A vida está se esgotando. Antes que isso aconteça, claro, Jesus virá outra vez para refazer a Terra e destruir o mal definitivamente. Só não desconsidere que, até lá, a luta é árdua e o anjo caído estará se aproveitando do que parece "normal e natural" para invadir sua mente e destruir você.

Ou seja, é quase "natural" que estejamos ansiosos. A dureza dos tempos modernos provoca isso. É até "natural" ter depressão em um mundo de tantas perdas e injustiças. É "natural" ficar doente em um mundo tão desequilibrado. Claro que tudo isso é o resultado do estado caótico da vida moderna. Vamos tratar com remédios, terapias, cirurgias ou qualquer técnica revolucionária que apareça, mas que fique bem claro que é desse estado de consequências "naturais" que o Destruidor também se aproveita. Ele espreita, vigia, estuda e executa planos para nos enredar e prender em suas atrevidas artimanhas.

Uma pessoa estressada pelo excesso de trabalho e preocupações é presa fácil do Enganador. A mente está sobrecarregada e o corpo, cansado. A exaustão o deixará fraco e, com métodos minuciosamente estudados, Satanás procurará sacudir seu coração. E é nessa hora que podemos perder a fé, cair em tentações, e perder os princípios.

"Moisés achava-se fatigado pelos quarenta anos da peregrinação de Israel, quando, por um momento, sua fé deixou de se apoiar no infinito poder. Fracassou exatamente no limiar da terra prometida. [Ocorreu] o mesmo quanto a Elias, que se mantivera diante do rei Acabe; que enfrentara toda a nação de Israel, com os quatrocentos e cinquenta profetas de Baal à sua frente. Depois daquele terrível dia sobre o Carmelo, em que os falsos profetas haviam sido mortos, e o povo declarara sua fidelidade a Deus, Elias fugiu para salvar a vida diante das ameaças da idólatra Jezabel. Assim se tem Satanás aproveitado da fraqueza da humanidade. E continuará a operar desse modo. Sempre que uma pessoa se encontra rodeada de nuvens, perplexa pelas circunstâncias, ou aflita pela pobreza e a infelicidade, Satanás se acha a postos para tentar e aborrecer. Ataca nossos pontos fracos de caráter. Procura abalar nossa confiança em Deus, que permite existirem tais condições. Somos tentados a desconfiar de Deus, pôr em dúvida Seu amor."

(Ellen White, o Desejado de todas as nações, p. 120)

Note, a depressão não é um demônio possuindo uma pessoa. É uma doença que dolorosamente se instalou em uma vida sofrida, traumatizada, profundamente abatida pelas durezas da sua experiência. Certo? Não vá dizer que depressão é falta de Deus. Isso seria injustiça e falta de sabedoria. O que está em questão é que uma mente frágil fica espiritualmente menos resistente também. As conexões mentais não estão saudáveis e a angústia se torna uma porta aberta para as insinuações malignas. Quando estamos nos sentindo desesperançados, nossa fé pode entrar em crise mais facilmente. Queremos saber onde está Deus e por que não nos socorre. As dúvidas parecem razoáveis. É nessa hora que a Serpente volta a atacar. Nossa capacidade de julgamento e de discernimento fica comprometida. O que sentimos não corresponde mais ao que cremos. O que vivemos não promove satisfação. Nossos relacionamentos não nos agradam mais. A vida não nos satisfaz. Quem sabe uma droga, uma bebida, um relacionamento extraconjugal, a pornografia e coisas assim sejam alternativas interessantes? É assim que funciona a máquina mortífera deste mundo em crise total.

Será que as capacidades emocionais, físicas e espirituais estão fortes o suficiente para resisti-la? Será que há alguma segurança para nós? Será que há uma tábua de salvação nesse grande mar de dificuldades? Ou ficaremos à mercê das tempestades da vida e remediados por nossas próprias invenções? Sim. Remediados. Medicados, mas não curados. Detentores de muito conhecimento, mas de pouca sabedoria. E, com isso, será que cairemos na lábia do Destruidor? Seremos cirandados por Ele? Ou temos escape?

Bom, vamos espiar a cena do enfrentamento do profeta Elias com os quatrocentos profetas de Baal lá no monte Carmelo. Um homem destemido e confiante em Deus. Sabia que não seria envergonhado. Era o nome de Deus que estava em questão, mas sua reputação de profeta também. E lá está ele, propondo um desafio e vendo o poder de Deus manifesto diante dos olhos de todos. Baal foi vencido pelo Deus de Israel. O Deus vivo!

No entanto, Elias ficou exausto. Suas energias emocionais, físicas e mentais ficaram frágeis. Precisava descansar e se recompor. Foi uma grande luta espiritual, mas, antes que o Profeta se preparasse para a próxima prova, já chegara a mensagem de que a rainha Jezabel o estava caçando para matá-lo. Vingaria a morte dos homens que morreram no confronto com o Deus de Elias. O homem de Deus não suportou. Não resistiu a todo o estresse e fugiu. Foi para um lugar distante, solitário, lamentando sua sorte e questionando a própria vida. Valia a pena ser profeta? Ninguém era fiel a Deus. Somente ele, mas de que isso lhe valia?

Aconteceu com o servo de Deus e acontece com todos nós. As lutas são tão extenuantes, os pesares tão intensos, que cambaleamos. Há falta de energia física, mental e emocional, e, por fim, a energia espiritual se esvai. Assim surgem as queixas, as murmurações, o sentimento de injustiça, a morte da esperança e o fim.

Porém, há algo nessa trajetória de Elias que revela o segredo da restauração. E este é o segredo que se tornará sua segurança infalível. Deus tem cuidado de vós. E "aquele que começou a boa obra [...] irá completá-la" (Filipenses 1:6). Como assim?

Basta olha para a trajetória de Elias entre a saída da cidade e a chegada no deserto. Preste atenção em todas as palavras e atitudes do homem de Deus. Desanimado, irritado, desconfiado, incrédulo... Agora dê total atenção à parte que Deus desempenha. O que Deus fez em todo o percurso? Acusou-O? Humilhou Seu servo? Retirou Sua proteção e o deixou solto às feras do deserto?

Demonstrou satisfação com a permanência dele na caverna? De forma alguma! Mandou pássaros alimentá-lo. Enviou anjos para cuidar dele, insistir que comesse, e, por fim, o próprio Deus foi buscá-lo no buraco escuro onde estava Elias. Isso é fantástico! Você não se espanta ao ver que o próprio Deus tenha se importado tanto? Foi pessoalmente cuidar do sofrimento de uma criatura que estava com medo, estressada, infeliz e fraca na fé.

Que amor impressionante! Este é o segredo: jamais perder de vista que não importa a estrada que seguimos, o estado de espírito ou o nível de fraqueza mental ou emocional em que nos encontremos... Deus está cuidando e amando do mesmo jeito que nos amou quando estávamos fortes e saudáveis. Deus amou Elias quando o chamou para ser Sua voz em meio aos transgressores perversos, quando, pela fé, enfrentou os seguidores de Baal, e o amou igualzinho ou até mais (se isso for possível) quando estava correndo com medo e revoltado com o mundo. O amor de Deus o resgatou. Foi lá e disse: "vem para fora", para a luz do dia, e segue a vida Comigo. Assim, Elias foi amado incondicionalmente pelo Senhor, e isso está escrito para ensinar a mim e a você que a cura está na certeza de que Deus ama você custe o que custar. Não há tempo que desbote esse amor.

Não tenha dúvida de que o que Satanás desejava era manter Elias preso na caverna. No entanto, o Senhor queria libertá-lo. Elias poderia ter resistido e não ter posto o rosto fora dali, mas, com toda aquela insistência, não deu para resistir e houve salvação no deserto. Se você considerar que Deus ama você e que nunca o(a) deixará, saiba que vencerá todos os desafios que cruzarem seu caminho. Estamos em um campo minado. A qualquer hora, uma bomba explode. Podemos até ser atingidos, mutilados ou mortos, mas o amor de Deus sempre será nossa garantia de paz.

Só não tenha essa mesma expectativa sobre as pessoas à sua volta. São raríssimas as pessoas que amam e cuidam assim. Até porque todos somos pobres sobreviventes neste mundo arrasado pelo pecado. Somos moribundos em uma terra estranha, cheia de maldade, e nosso coração foi gerado nesta maldade. Temos transtornos, incapacidades e fraquezas próprios de quem é pó. As virtudes que há em nós foram todas comunicadas a nós por Deus. E é só por Deus, o Senhor, que podemos e devemos viver. Só assim nossa mente pode ser regenerada. É somente pelo novo nascimento, em Cristo, lavados na graça preciosa Dele, que, ao longo da vida, seremos ensinados. É um processo. Uma jornada. Por isso o Eterno Deus é tão clemente, tão piedoso, tão paciente conosco. Ele, como ninguém, sabe exatamente o que o pecado é e a desordem que ele produziu em nossa natureza. Ele, e mais ninguém, sabe o significado e o tamanho da mácula que ficou em nossa mente. Mesmo após a conversão, após o novo nascimento, ainda teremos que aprender, por meio da vida de Cristo e de Sua graça. Um passo após o outro. Às vezes caímos; às vezes levantamos. Às vezes corremos; às vezes paramos. Enquanto isso, Ele vai nos levando para frente. Dando-nos forças. Esperando-nos. Impressionando-nos com o Espírito Santo. Movendo-nos continuamente para a contemplação da Sua glória fora da caverna.

> ***"Se você considerar que Deus ama você e que nunca o(a) deixará, saiba que você vencerá todos os desafios que cruzarem seu caminho."***

> *"Se vivemos, vivemos para o Senhor; e, se morremos, morremos para o Senhor. Assim, quer vivamos, quer morramos, pertencemos ao Senhor." (Romanos 14:8, NVI)*

Agora, venha comigo ao deserto onde Jesus foi tentado. Observe as circunstâncias da tentação.

Jesus estava perfeitamente consciente, não havia enfermidade Nele. Fora àquele lugar para ser fortalecido para Sua alta missão. Não era um fugitivo como Elias. Ao chegar ao deserto, iniciou o período de comunhão profunda com o Pai. Estava em jejum, e entre as feras (Marcos 1:12-13). Jesus escolheu o deserto para aquele momento. Por que será? É obvio que Satanás imaginou que as condições eram favoráveis para derrotá-Lo. Ao longo dos quarenta dias, Jesus ficou fisicamente fraco, cansado, faminto. Segundo o profeta Isaías "[...] sua aparência estava tão desfigurada, que ele se tornou irreconhecível como homem; não parecia um ser humano" (Isaías 52:14, NVI).

Mas, com esforço terrível, Jesus resistiu às tentações e frustrou os planos do inimigo. Estava seguro de quem era o anjo com quem falava, e com certeza não havia sido fácil estar cara a cara com ele naquela situação. Mas não tenha dúvida de que Jesus Se lembrou de todas as vezes em que ouviu o Pai dizer "este é Meu filho amado".

Mesmo em uma situação absurdamente desgastante, saber que era amado pelo Pai e que Suas palavras eram verdadeiras deu a Jesus a força necessária para não Se submeter ao Diabo e não usar Seus poderes sobrenaturais em favor próprio. Isso teria sido o fracasso da Sua missão. Jesus nos ensinou que crer no amor de Deus e na verdade que sai da Sua boca é nossa única segurança.

Mas isso não pode ser romantizado. É preciso internalizar toda a declaração de amor "que sai da boca de Deus" para que sejamos alimentados de tal forma que as partículas de Deus em Sua Palavra circulem por todo nosso ser e revigorem nossa vida.

Realinhem nossas expectativas, sonhos, desejos e relacionamentos. Restaurem o que estava partido e nos concedam vida nova.

> *"[...] A tua palavra é a verdade." (João 17:17, NVI)*

Não há confusão, desequilíbrio, falta de sabedoria ou qualquer outra falta que nos derrube se estamos expostos à Palavra de Deus e decididos a obedecê-la. Não basta apenas se alistar no exército; é preciso comparecer, subordinar-se e não titubear quando o comando é dado.

> *"A exposição das tuas palavras dá luz, dá entendimento aos símplices." (Salmos 119:130, ARC)*

E essa mesma Palavra lança você à frente.

Seu casamento não irá ruir, sua família não será desonrada para sempre, se a voz de comando do Senhor for ouvida e seguida.

> *"Vocês obedecerão de novo ao Senhor e seguirão todos os seus mandamentos que lhes dou hoje. Então o Senhor, o seu Deus, abençoará o que as suas mãos fizerem [...] se vocês obedecerem ao Senhor, ao seu Deus, e guardarem os Seus mandamentos e decretos que estão escritos neste Livro da Lei, e se se voltarem para o Senhor, para o seu Deus, de todo o coração e de toda a alma. [...]*
>
> *O que hoje lhes estou ordenando não é difícil fazer, nem está além do seu alcance. Não está lá em cima no céu, de modo que vocês tenham que perguntar: 'Quem subirá ao céu para consegui-lo e vir proclamá-lo a nós a fim de que lhe obedeçamos?' Nem está além do mar, de modo que vocês tenham que perguntar: 'Quem atravessará o mar para consegui-lo e, voltando, proclamá-lo a nós a fim de que lhe obedeçamos?' Nada disso. A palavra está bem próxima de vocês; está em sua boca e em seu coração; por isso vocês poderão obedecer-lhe." (Deuteronômio 30:8-14, NVI)*

É com esta força que vamos prosseguir e vencer cada uma de nossas lutas. Aliás, quando estamos em Deus, as lutas deixam de ser nossas e passam a ser Dele.

> *"[...] Conosco está o Senhor, o nosso Deus, para nos ajudar e para travar as nossas batalhas."* (2Crônicas 32:8, NVI)

"O esforço para aprender as grandes verdades da Revelação comunica frescor e vigor a todas as faculdades. Expande a mente, aguça a percepção, amadurece o juízo. O estudo da Bíblia enobrece a todo pensamento, sentimento e aspiração, como nenhum outro estudo o pode fazer. Dá estabilidade de propósitos, paciência, coragem e fortaleza; aperfeiçoa o caráter e santifica a alma. O esquadrinhar fervoroso e reverente das Escrituras, pondo o espírito do estudante em contato direto com a mente infinita, daria ao mundo homens de intelecto mais forte e mais ativo, bem como de princípios mais nobres, do que os que já existiram como resultado do mais hábil ensino que proporciona a filosofia humana."

(Ellen White, O Grande Conflito, p. 94)

Capítulo 14
ACONSELHAMENTOS

“Meu marido disse que não me ama mais. Casei grávida e agora ele alega que só casou comigo por causa da gravidez. Já orei muito e continuo orando, já conversei, pedi, insisti, mas ele está irredutível. O que faço? Devo me posicionar e mandá-lo embora de vez?”

Continue orando, mas deixe-o livre para ir ou ficar. Não ore apenas para que ele desista, mas ore para que você tenha paciência, força e paz. Não perca o controle e não apresse-o por uma decisão. Se já fez tudo que disse ter feito, agora faça silêncio e não toque no assunto. Se quer conversar sobre isso, converse com Jesus. Diga tudo o que o filho Dele anda fazendo por aqui e peça que o ajude.

Por que isso é importante? Porque há homens que desprezam mulheres que esmolam afeto. Se cansam de mulheres pedintes. Claro que o que você fez até aqui é legítimo, considerando que o ama e é mais comum a mulher dizer o que está sentindo, pedir, querer a família, o casamento... e, por isso, muitas vezes, fazem qualquer coisa. Mas é muito importante ter respeito pelo outro e por si mesma também.

Não a aconselho a agir com grosseria ou frieza, mas agir com firmeza. Ser flexível para fazer mudanças quando necessário, mas não descer o nível ou perder a direção da própria vida por causa das escolhas dos outros, ainda que seja a escolha da pessoa que você ama.

Pobre homem! Tenha compaixão da cegueira moral, emocional e espiritual que o atingiu.

Contudo, entenda que não temos condições de impor que correspondam a nosso amor. Quando amamos damos liberdade. Veja como o Senhor age. Ele nos deixa livres para amá-Lo ou não. Continua usando maneiras de salvar, mas não nos obriga.

"Porque Deus amou tanto o mundo que deu seu Filho único, para todo o que nele crer não pereça, mas tenha a vida eterna." (João 3:16)

Ou seja, o Senhor entregou o Filho porque amava. Jesus veio determinado, cheio de personalidade. Veio com um propósito e o cumpriu independentemente de ser amado ou desprezado. Ele somente amou e deixou a lei do Seu reino ser como é: inegociável.

O Pai jamais faria criaturas robóticas, mas filhos livres. Muitas vezes Ele mesmo é trocado pelo destruidor. Ainda assim, não age por força, mas por meio do Espírito Santo que está entre nós para nos convencer do pecado. Mesmo ao convencê-lo, não garante que o indivíduo entregará o coração. Essa decisão é da exclusiva responsabilidade de cada um.

Ninguém pode dizer a seu esposo "faça isto ou faça aquilo" e esperar que ele, certamente, fique com você e seus filhos. Não. Deus não é Deus de encantamento, mas Criador de filhos livres para pensar e escolher fazer o bem ou o mal. Com a possibilidade de escolher entre a bênção e a maldição. Claro que a oração é necessária, mas é preciso que compreenda que o ato de orar fará o Senhor liberar graça especial sobre você para ter discernimento e resiliência. Continue orando. Orações fervorosas chegam ao trono de Deus e somos atendidos. Mas, segundo a lei do livre-arbítrio, da livre escolha, seu marido pode não aceitar o convite do Senhor. E como você ficará? Destruída? Acredite, se confiar no Senhor, Ele mesmo será seu ajudador. Concederá a você sabedoria e paciência para passar por isso sem perder a dignidade e a honra. Claro que o casamento também pode ser restaurado, mas, primeiro, nosso Pai restaura nosso coração.

Há relacionamentos que realmente são muito cansativos. Há ruídos, intrigas, falta de afeto, respeito, consideração... e só permanece

> "Não é, porém, a obra dos anjos bons dominar a mente contra a vontade dos indivíduos. Se se submeterem ao inimigo e não se esforçarem para resistir-lhe, então, os anjos de Deus pouco mais podem fazer do que refrear o exército de Satanás, para que não o destrua até ser concedida maior luz aos que estão em perigo a fim de movê-los a despertar e olhar ao Céu em busca de auxílio. Jesus não comissionará os santos anjos a desembaraçar os que não fazem esforço para ajudarem a si mesmos."
>
> *(Ellen White, Mensagem aos Jovens, p. 53)*

neles quem realmente tem muita disposição para o enfrentamento e uma mente resistente à loucura.

Especialmente os religiosos permanecem em casamentos ruins porque "a igreja não aprova o divórcio". Vou lhe dizer uma coisa: não é a igreja que aprova ou desaprova. É Deus quem instrui para evitar nossa própria destruição. Deus não aprova a falta de amor. Não aprova estupidez, desprezo, mentiras, brigas, traições... Se isso fere os seres mortais, imagine o quanto ofende os moradores do Céu.

Há mulheres muito exigentes, repetitivas, exageradas, romantizadas, estressadas, imaturas. Assim como há homens imaturos, irresponsáveis, insensíveis, tolos, grosseiros, egocêntricos.

> ***"meu esposo saiu de casa simplesmente pelo motivo de ter cansado do casamento. ele disse que não quer mais se estressar com a relação."***

Pessoas desleixadas com a relação e desatentas aos próprios atos precisam despertar. Sim, o marido é capaz de cansar a mulher e a mulher é capaz de esgotar o marido. Sim, temos o potencial de aproximar ou de repelir, de maltratar ou de fazer bem.

Antes de pensar no fim do casamento, é preciso avaliar as condições dele e a parte de cada um. O que mina a relação? Como é a personalidade de cada um e como lidam com os problemas da convivência? Que oportunidades deram para o amadurecimento e crescimento do amor? E que oportunidades deram para os intrusos? Esses intrusos podem ser pessoas, pensamentos e sentimentos negativos.

Os conflitos geram sentimentos de infelicidade e acabam facilitando atitudes destruidoras como uma autogratificação para compensar o estresse. Pode ser uma amizade com alguém do sexo oposto, uma aventura sexual, um flerte com a pornografia, uma volta aos tempos de solteiros e, especialmente, uma ideia que pode tomar qualquer um de assalto: tenho esse direito já que meu cônjuge não me faz feliz.

Meu conselho é que preste atenção em sua convivência. Não deixe que as brigas sejam frequentes. Desarme-se. Avalie o quanto você tem sido responsável por destruir a paz de sua casa. Ninguém cansa de uma companhia agradável, convidativa, acolhedora. Não estou incluindo aqui os que são movidos por egoísmo e têm desvio de caráter. Esses não se importam em retribuir o amor. São ingratos e infiéis "sem causa".

> *"Sabe, porém, isto, que nos últimos dias sobrevirão tempos penosos; pois os homens serão amantes de si mesmos, gananciosos, presunçosos, soberbos, blasfemos, desobedientes a seus pais, ingratos, ímpios, sem afeição natural, implacáveis, caluniadores, incontinentes, cruéis, inimigos do bem, traidores, atrevidos, orgulhosos, mais amigos dos deleites do que amigos de Deus." (2Timóteo 3:1-5, ARA)*

Ou seja, além dos desafios naturais de um relacionamento, ainda temos que considerar a natureza espiritual que nos envolve. Muitas vezes, nem mesmo todo o amor oferecido garante reciprocidade por causa da condição do indivíduo que o recebe, por causa de suas mazelas emocionais ou espirituais.

Realmente há pessoas que não precisam necessariamente de motivos práticos para abandonar um casamento. Elas apenas sucumbiram ao egoísmo fatal, a alguma paixão não controlada, a algum ato de loucura.

Quer mais um conselho? Entregue ao Senhor toda sua dor, perplexidade e esperança. Ele é o único em quem se pode confiar totalmente. Ele nunca deixará você.

> *"'[...] Em mim [...] tenham paz. Neste mundo vocês terão aflições; contudo, tenham ânimo! eu venci o mundo.'" (João 16:33, NVI)*

Parece muito paradoxal — ter paz, mas também aflições. Mas é a pura verdade. Não dá para vender uma mensagem de facilidades quando a vida é dura por si só. Estamos sujeitos a toda sorte de ingratidão, tristezas, traições..., mas essas coisas não dependem de nós. Fazemos mal a nós mesmos por escolhas erradas? Sim. E muitas vezes. Contudo, sobre as decisões, vontades ou caráter dos outros, o que podemos fazer a não ser nos proteger e nos escondermos em Cristo?

Tenha paz em Jesus. Ele venceu o mundo. Isso lhe diz alguma coisa?

Estou muito surpresa com o número de pedidos de ajuda que tenho recebido da parte de homens que estão sofrendo, arrependidos de não terem sido bons maridos e por terem perdido a esposa. Elas ficam cansadas, magoadas, por anos de humilhação.

Por que acreditam que alguém irá sobreviver sem sequelas a uma relação de desprezo do cônjuge? É necessário ter cautela e ser responsável para não ferir uma pessoa.

> ***"Darleide, preciso de ajuda. Minha esposa está envolvida sentimentalmente com outro homem. Reconheço que falhei muito. Em quatro anos de casados, nunca dediquei a ela nem um por cento do que deveria. Mas, agora, quero muito que ela reconheça que estou disposto a mudar e me dê uma chance."***

Essa esposa foi exposta ao perigo da carência. Não justifica o pecado, mas explica a vulnerabilidade. Ela está errada, mas a responsabilidade recai também sobre quem deveria tê-la protegido e não o fez. O mesmo princípio poderia ser aplicado para o homem. Pois, independentemente do gênero, precisamos do conforto emocional que um bom marido e uma boa esposa oferecem.

Amanhã pode ser muito tarde para mudanças. O estrago está feito e não há garantia alguma de que haja reconciliação. O coração humano não é tão simples de ser compreendido. Há pessoas que até desejam reatar, recomeçar e perdoar, mas não conseguem. Por isso, o mais inteligente é evitar magoar. Porque chega uma hora em que surge o desejo de dar um basta!

Uma relação conjugal perturbada compromete a vida espiritual. Há mulheres e homens em situação deplorável porque foram muito feridos e a espiritualidade ficou em frangalhos. Perderam a esperança; o sentido da vida. Vamos dizer que essas pessoas não têm Deus? De forma alguma. Diremos que todas as áreas da sua vida estão comprometidas porque uma grande frustração se alojou em seu coração. Para esses casos, não há farmácia que ofereça remédio. Para esses casos, só há Jesus para acalmar. É Ele quem diz: "tenha paz em Mim. Creia em Mim. Acredite em Mim. Eu venci o mundo e posso vencer sua tristeza".

Marido e mulher, invariavelmente, devem ser zelosos pela vida relacional. Infelizmente, muitos estão acordando para essa realidade tardiamente. E o tempo para amar é agora. O carinho de uma ligação, de uma palavra generosa, uma gentileza, um afago, uma resposta branda. Pagamento de um mal com o bem, um abraço apertado, um tempo juntos. Como esses detalhes fazem bem. Como faz bem esquecer outras mulheres, outros homens, e se dedicar somente a um(a).

A hora de dizer que ama e se importa é agora, e não depois. O pedido de perdão é para já, e não para depois. O amor demonstrado neste minuto pode fazer a diferença para o resto da vida.

Sobre ter seu casamento de volta, quer um conselho?

Não meça esforços para demonstrar o quanto deseja outra chance. Não há garantias de que a outra pessoa irá ceder nas primeiras investidas. Um coração magoado se torna difícil de ser convencido apenas com um aceno.

Ore muito para receber sabedoria do Espírito Santo. Reconquistar dá trabalho. No entanto, assim como más memórias foram construídas e resultaram no afastamento de vocês, também há boas memórias que podem ser resgatadas. Algo bom uniu vocês.

> ***"Darleide, meu casamento mudou tanto em cinco anos. Não somos mais como antes. Parecemos dois amigos dentro de casa. Mas casal mesmo não somos mais. estamos desmotivados e não sei o que faço para voltar a ser como antes."***

É possível soprar as cinzas, ajuntar as brasas e deixar o amor arder no peito outra vez. Esse novo ciclo pode ser mais feliz que o primeiro. Se ambos quiserem, a história pode ter um final surpreendente. Não sem esforço, mas com muito empenho e confiança em Deus, os votos podem ser renovados e a bênção do Senhor será dada novamente.

No início da relação há uma explosão de sentimentos. Uma atração forte põe duas pessoas na mesma sintonia. Querem ficar juntas, compartilham alegrias, conversam sem tempo para acabar o assunto. Ficam fascinadas uma pela outra. O cérebro fica alterado e inundado de uma química que produz uma sensação intensa de euforia. O coração fica acelerado e há um estado de excitação.

Brilho nos olhos, bochechas rosadas, frio na barriga, uma sensação de felicidade absurda, e é claro que também há muito desejo sexual envolvido.

Rolou muita química e o casal está junto, mas algo irá mudar nas cenas dos próximos capítulos. A paixão irá passar. Quando ela passar, o que o casal terá construído solidamente? Pesquisadores dizem que a paixão dura de dois a três anos, no máximo, para depois dar lugar a uma relação menos fantasiosa. E então? O que existe após a euforia da paixão? Além da química, foram criados vínculos duradouros? Assim, meu conselho aos muito apaixonados é que troquem uma ideia com a Dra. Razão.

Se a relação foi estabelecida apenas sobre as bases das sensações, é possível que, ao findar da paixão, o casal se distancie. Nesse período, são comuns os desentendimentos que podem desencadear uma séria crise, dependendo das pessoas envolvidas e do limiar de frustração de cada uma.

Retomem o diálogo. Apesar de nem todas as pessoas terem a habilidade de falar sobre sentimentos e ainda haver outras que ficam na defensiva, pois, em vez do diálogo, preferem as ironias, grosserias, os gritos, a violência. No entanto, com boa vontade, e com os efeitos da presença de Deus, podemos expressar de uma forma menos tensa o que estamos sentindo sem agredir. Podemos escolher as palavras e o tom de voz, hora e ambiente adequados.

Outro conselho é que não alimentem a crença de que não se amam. Não pensem mal sobre o outro. Evitem fantasiar, como também evitem se acomodar. Promovam um ambiente agradável, um semblante alegre, corpo arrumado, cabeça aberta e palavras livres para motivar o outro, além de muito aconselhamento com o Espírito Santo.

Ainda é importante considerar que o amor tem suas características próprias. É bom ser paciente, humilde, companheiro, solidário...

Em se tratando de um casal, o amor também inclui sensualidade e sexualidade. Não é certo deixar os encontros sexuais ficarem muito espaçados. Sexo não resolve questões de relacionamento, mas a falta dele promove ainda mais afastamento.

Dediquem-se não somente aos grandes cuidados, mas aos pequenos também. Ninguém resiste ao cuidado de que gosta e precisa. Valorizem o que já existe entre os dois e evitem dar muita ênfase ao que está faltando. Quando queremos muito o que não temos, corremos o risco de pôr os holofotes onde ainda não estamos e deixar o agora sem brilho algum.

Ainda quero destacar algo que já pontuei: destrua pensamentos negativos a respeito do cônjuge. O negativismo é altamente destrutivo.

> *"[...] Tudo o que é puro, tudo o que é amável, tudo o que é de boa fama [...] nisso pensai." (Filipenses 4:8, ARC)*

Não guarde mágoa. Se é do tipo de pessoa que fica ressentida facilmente, procure desenvolver a capacidade de reconsiderar palavras e atitudes. Nem sempre o que disseram é o que você entendeu ou foi dito realmente para magoar.

As palavras podem ser mal interpretadas, principalmente quando estamos no epicentro do conflito. Casais que se comunicam melhor tem melhor convivência. Resolvem melhor os dilemas e solidificam a união por meio de proposições mais assertivas e bem menos beligerantes.

Uma coisa que magoa muito é a crítica. Por isso, evite criticar seu cônjuge. Ajudar, dar um toque ou alertar não deve vir na companhia de uma grosseria, um deboche ou piada na frente de terceiros. Às vezes, dizendo que "só queríamos ajudar" estamos alfinetando, desvalorizando, ironizando... Não é bom brincar com a sensibilidade do outro.

Por outro lado, é saudável que os casais evitem o excesso de sensibilidade. Numa convivência tão próxima, tão íntima e diária, é impossível não dizer alguma bobagem, falar sem pensar ou agir imprudentemente. Para ser feliz é necessário ter mais flexibilidade, mais humor, menos estresse. De outra forma, ficaremos muito engessados, o que não fará bem nem para a mente nem para a relação.

É tão bom ser elogiado, não é? Então, elogie mais. Valorize qualidades físicas, enalteça atitudes, reconheça capacidades. Todos gostamos da validação de nossas competências. Podemos até desenvolver maturidade para lidar com as críticas e ver a positividade que possa existir nelas, mas um elogio é, sem dúvida, uma forma de manter uma pessoa conectada à outra.

E um conselho muito importante que dou é: fiquem mais tempo juntos. Juntos mesmo.

Observo que isso não é fácil para muitos casais. Falta assunto, afinidade e prazer na companhia. Sabe por quê? Outras coisas tomaram o lugar dessas. Criamos rotinas que permitem que ervas daninhas se alastrem entre os dois. Ficam distantes, apáticos e habituados ao silêncio ou à mesmice. Rotina é coisa boa, desde que ela não seja a única forma de viver. A vida para ser interessante pede movimentos. Se parar perde a vitalidade e atrofia. Apenas lembre-se de que precisamos ser agradáveis para que o outro deseje ou sinta falta da nossa companhia.

> *"Tenho, porém, contra ti que deixaste o teu primeiro amor. Lembra-te, pois, de onde caíste, e arrepende-te, e pratica as primeiras obras; quando não, brevemente a ti virei, e tirarei do seu lugar o teu castiçal, se não te arrependeres." (Apocalipse 2:4-5, ARC)*

Deus está dizendo para praticar obras? O que isso tem a ver com amor? Amor não é um sentimento?

Pelo que vemos nesse texto, o amor, para Deus, não é sentir, mas fazer. O contexto não é sobre amor conjugal, mas podemos aplicar o texto ao amor sem temo.

Quantos casais deixam de amar como amavam no início da relação.

Somos vidrados em sensações. Elas ditam as regras do jogo e se não estamos sob o efeito ou torpor dos sentimentos, parece que não sabemos lidar com a vida. Entretanto, o fato é que o amor baseado em sentimentos, porém sem ação, pode ser apenas um ideal autocentrado.

É como as intenções. Enquanto continuam apenas como intenções, elas nada promovem. "Tenho a intenção de fazer meu marido feliz." Sim. Mas, como? Que ações serão praticadas?

Não bastar pensar, desejar, querer e nem mesmo falar. São as atitudes que fazem a vida ter sentido. As melhores intenções e os maiores amores não têm serventia se não saem do mundo dos ideais. Aplicando o texto bíblico citado acima aos relacionamentos interpessoais, entendemos o motivo do rompimento de muitos deles. As pessoas envolvidas "deixaram" as primeiras atitudes, as primeiras atenções. A vida está cheia de amores abandonados. Casais que não se reinventam e não incrementam a relação com demonstrações novas de afeto. Ou melhor, não precisariam nem inovar, inventar muita coisa, mas manter as primeiras boas maneiras, aquelas que fazem bem e mantêm o casal conectado.

No primeiro amor, os gestos são suaves, as palavras são amáveis, mas, com o tempo, paramos com o carinho ou passamos a cumprir rituais. Até chegamos a repetir o de sempre, mas sem qualquer aroma de alegria. Já não provocamos sorrisos e não há mais vontade de ficar juntinho, para sempre, a não ser que seja só por força da religião ou da conveniência. No entanto, veja bem: deixar o amor largado às traças pode ser um empecilho para nossa entrada no Céu.

O Espírito nos pedirá para retornar ao zelo do primeiro amor.

Quer um conselho? Retorne pelo caminho e traga de volta as antigas alegrias. Antes que seu casamento se deteriore de vez. Faça uma lista dos motivos pelos quais se casou. Pontue o que é bom no outro. Considere abraçar, beijar e pensar como antes; como nos tempos em que vocês dois se bastavam, ainda que não tivessem dinheiro, casa, conforto... mas tinham um ao outro e isso era suficiente.

Começar e terminar é fácil. Qualquer pessoa, despreparada como seja, consegue se declarar morrendo de amores, mas somente pessoas diferenciadas conseguem manter o que começaram. Nascer e morrer não é o mais extraordinário da vida, mas saber viver cada dia é que faz valer a pena. Dedique-se a seu casamento. Isso será sua maior recompensa: um amor como testemunha de sua coerência e o Senhor a seu favor e não contra ti.

O anjo está falando à igreja de Éfeso que é reconhecida por sua fidelidade e perseverança na verdade: "Você tem perseverado e suportado sofrimentos por causa do Meu nome, e não tem desfalecido. Tenho, porém, contra ti..." (Apocalipse 2:3-4).

À primeira vista, não faz muito sentido ser tão fiel a Deus, ter perseverança na provação, mas ainda assim estar sob o desagrado Dele. Ao que parece, o que o Senhor mais aprecia é a integralidade de nossa devoção.

Há homens e mulheres inteiramente dedicados à missão. São exímios no serviço, na comunidade, na liderança da igreja e o fazem com prazer, mas nada pode justificar a falta do cuidado na convivência íntima, na comunhão e devoção pessoal.

Assim também, nenhum serviço religioso ou caridoso substituirá ou será recebido como oferta agradável se a vida doméstica está em trevas. Nenhum missionário é de todo pleno se a missão não começar e continuar em casa. Nenhum homem ou mulher estarão livres da repreensão do Senhor sem que a família esteja alicerçada no amor.

Há homens famosos por sua conduta irrepreensível, mas os de casa sabem que essa fama não condiz com a conduta de pai e esposo. Quantas mulheres são vistas como exemplo de inteligência e competências, mas não gerem a família com o coração.

A igreja de Éfeso agia com fidelidade. Há quem mantenha o casamento por que é uma “ instituição sagrada” e por que “Deus odeia o divórcio”, mas, falta o cuidado, a atenção, o carinho, o respeito.

Ausência de amor ao próximo é o mesmo que ausência de amor a Deus. Ninguém pode dizer que ama o Deus invisível se os que estão visivelmente a seu lado são ignorados.

E o Senhor pede: “Lembra-te”, “arrepende-te” e “pratica” – lembra de como era quando seu coração estava amando de verdade. Lembra de como o amor fluía e sua motivação era pura. Reconheça sua condição e se arrependa do pecado do legalismo e do egoísmo. Faça como fazia antes, no primeiro amor.

> “
> ***Meu marido consegue me dominar de tal maneira que não encontro forças para resistir. Desde que nos casamos só consigo fazer como ele quer. Se tentei alguma vez contrariá-lo, ele conseguiu fazer com que me sentisse culpada. Fico como prisioneira. Sou uma mulher inteligente e capaz, mas fico sem reação.***

O problema é que muitos casais nem sabem se estão juntos por que se amavam lá no princípio. Há os que casaram prematuramente, imprudentemente. Ainda assim, se buscarem ao Senhor com honestidade e oferecerem boas condições um ao outro, o amor virá. Nosso passado não determina o que Deus pode fazer agora.

Certa vez, Jesus foi a um casamento e o vinho acabou no meio da comemoração. A festa começara bem. As pessoas estavam alegres, quando, de repente, os serviçais pararam de circular. Não havia mais vinho para servir. Que vergonha! Os convidados sairiam falando mal dos anfitriões. Aquela ocasião seria lembrada por todos. Talvez virasse motivo de gracejo na vila. Porém, havia um convidado ali que, a pedido de Sua mãe, fez algo maravilhoso. Jesus mandou encher as talhas de água, todas elas, e a água foi transformada em vinho por Seu grande poder. Teve início o ministério de Jesus. Justamente em uma festa de casamento. Quando parecia que seria um vexame, a graça de Jesus surpreendeu a todos (João 2).

Quando a mãe de Jesus falou aos que serviam "façam tudo que Ele mandar", ela também estava dizendo isso para nós. Outra vez se pede ação. Fazer como Ele manda, em muitos casos, envolve a ação Dele também.

Quer um conselho? Não espere sentir para agir. Aja para sentir e ser abençoado com o milagre da transformação. Sentimentos nunca foram seguros. Eles vão e vêm como ondas no mar. Também são como areia movediça. Não construa sua vida sobre eles. Faça o que Jesus mandar. Isso sim é seguro! O que Ele faria em seu lugar?

"Venerado seja [...] o matrimônio." (Hebreus 13:4)

Ele é muito persuasivo.

Há casais que estão juntos pela força do vício. Um é viciado no outro. Assim como o cigarro mata o fumante, mas é o bem de maior apreço do viciado. Não vive sem. Não consegue se libertar. Normalmente, pessoas dominadoras e egocêntricas se relacionam com outras mais passivas e submissas. Uma manda, outra obedece; uma fala, outra ouve; uma dita, outra aceita; uma deseja, outra atende; uma trai, outra perdoa... Não necessariamente uma é a mocinha e o outro o vilão. Ambos atuam em um jogo doentio.

Claro que casais que estão ligados pelo viés da patologia não tomam consciência disso, não sabem o que é amor saudável e não veem outra forma de viver se não na dependência um do outro. Podem até tentar, mas são prisioneiros dessa estranha ligação. Relacionamentos saudáveis não têm papéis exclusivos e arbitrários para um e para o outro. Os dois participam, cedem em situações diferentes. São parceiros, não concorrentes, ou um algoz e o outro, vítima. Se for assim já não estamos falando de casamento, mas de tirania ou desequilíbrio emocional. Pode ser, inclusive, transtorno de personalidade.

Há quem se coloque na posição de "salvador" do outro, ou assuma o papel de vítima, alegando estar "levando a cruz". Até reconhece que está em situação ruim, mas não sabe o que fazer ou como fazer para se curar daquele mal. Realmente, não sabe. Ambos estão envolvidos demais para ter discernimento.

Não será possível se libertar do domínio do outro se não há liberdade das próprias amarras. Não é o outro quem me domina, mas eu sou do tipo que permito, aceito e me conformo a este padrão. Um processo terapêutico descobrirá os reais motivos quando for feita uma leitura de sua história vivida com pais e familiares muito próximos. Mas, como será viver livremente se nunca conheceu a liberdade?

Meu conselho é que você viaje para dentro de si e reconheça seus reais motivos para estar sob essa situação. Fazer terapia abrirá um caminho até a causa dessa paralisia e dará ferramentas para que você possa abrir um novo caminho. Isso quer dizer que você aprenderá a pôr limites a si mesma e, por consequência, ao outro. São suas debilidades que deixam a toxicidade dele dominar você. Não é que você tenha culpa, mas tem responsabilidade.

As pessoas dominadoras são egoístas ao extremo. Sua vontade precisa prevalecer sempre. Tem limiar de frustração muito baixo. Não consegue lidar com a contrariedade. Tem ego inflado e tudo vai bem somente enquanto o mundo gravitar a sua volta. Pessoas assim representam um risco para a saúde mental de quem está por perto.

Entretanto, ninguém é objeto de ninguém. Somos propriedade exclusiva de Deus e não de homens ou mulheres incapazes de nos valorizar. Somos seres inteligentes e dotados de liberdade. Nossa individualidade não pode jamais se perder na tirania de quem quer que seja.

Aliás, acho importante alertar sobre a existência de pessoas que circulam entre nós e, não muito raro, nos relacionamos com elas, mas são psicopatas. Pessoas frias, calculistas, manipuladoras... mas que, aparentemente, são encantadoras. A malignidade das atitudes de um psicopata se confunde porque pessoas assim são muito atraentes e sabem movimentar o jogo a seu favor com maneiras dissimuladas de persuasão e domínio. São pessoas sem sentimento algum. Não expressam emoção natural em hipótese alguma. Elas não são assim por que querem. São assim porque são. É um transtorno de personalidade gravíssimo e para o qual nem a psicologia nem a psiquiatria dão esperança.

Você irá dizer que Deus pode mudar. Claro. O que está em questão não é o que Deus pode, mas o que você não pode. Não assuma essa responsabilidade para si. Preste atenção nos seus limites. Atente para sua saúde mental.

Um sinal de que um relacionamento não é saudável é quando um quer assumir a vida do outro como propriedade sua. Quando não dá ao outro a condição de pensar e agir por si próprio. Quando ameaça e amordaça sua liberdade.

“Nem o marido nem a esposa devem pensar em exercer governo arbitrário um sobre o outro. Não intentem impor um ao outro os seus desejos. Não é possível fazer isso e ao mesmo tempo reter o amor mútuo. Sede bondosos, pacientes, longânimos, corteses e cheios de consideração mútua. Pela graça de Deus podeis ter êxito em vos fazerdes mutuamente felizes, como prometestes no voto matrimonial.”

(Ellen White, A Ciência do Bom Viver, p. 361)

“Mas, ao mesmo tempo que vos deveis unir em um só ser, nenhum de vós deverá perder na do outro, sua própria individualidade. Deus é o dono de vossa individualidade. A Ele deveis perguntar: Que é direito? Que é errado? Como poderei eu melhor cumprir o propósito de minha criação? ‘Ou não sabeis que o nosso corpo é o templo do Espírito Santo, que habita em vós, proveniente de Deus, e que não sois de vós mesmos? Porque fostes comprados por bom preço; glorificai, pois, a Deus no vosso corpo e no vosso espírito, os quais pertencem a Deus’ (1Coríntios 6:19-20).”

(Ellen White, Mente, Caráter e Personalidade, v. 2, p. 425)

> ***"Preciso de uma restauração no meu casamento. Me ajudem, por favor. Não aguento mais tanto sofrimento."***

No entanto, é bom fazer distinção entre individualidade e individualismo.

Segundo o psiquiatra Augusto Cury, em seu livro *Nunca Desista dos Seus Sonhos*:

"O individualismo é uma característica doentia da personalidade, ancorada na incapacidade de aprender com os outros, na carência de solidariedade, no desejo de atender em primeiro, segundo e terceiro lugar os próprios interesses.

A individualidade, por sua vez está ancorada na segurança, na determinação, na capacidade de escolha [...] infelizmente, desenvolvemos, frequentemente, o individualismo e não a individualidade." (p. 63)

O tal do sofrimento é algo do qual não temos como fugir. É preciso encarar, tomar o leme da história e avançar. Mas não há como tomar um remédio e fazer a dor provocada pelo fim de um casamento passar rapidamente. Precisamos reconhecer a força disso. Chega a ser pior que perder o cônjuge para a morte. É um luto extremamente doloroso.

O medo e a incerteza parecem invencíveis. Há muita vergo nha de reconhecer publicamente que acabou e isso significar se submeter ao julgamento de terceiros. Há a temível sugestão de ter fracassado ao tentar fazer alguém feliz ou ser feliz para sempre. O mundo emocional expande e não há lugar para pensar com racionalidade. A mente só responde à dor e nada mais.

Ao menos será assim por um tempo; um bom tempo, mas Deus nos deu capacidade de superação que é desconhecida por nós mesmos até que passamos por grande provação e a esperança nos dê suporte. A esperança é nossa aliada poderosa. E isso não significa, em primeiro lugar, a esperança de ter seu casamento restaurado, mas a esperança de ter seu coração cuidado e curado por Deus com ou sem o casamento refeito.

> *"A esperança adiada faz o coração ficar doente..." (Provérbios 13:12)*

É um risco depositar a felicidade na restauração do casamento ou qualquer outra coisa que dependa de outros. Pode não acontecer. Digo isso com um tom grave de realidade, mas não para minar a fé de ninguém. Entretanto, precisamos ser maduros para saber que não é por querermos muito que as coisas irão acontecer. Isso pode dar certo em relação à matéria morta, que manipulamos, formatamos, criamos, compramos; mas, quanto ao coração e à decisão de outros, temos pouco a fazer. Nem mesmo sobre nós temos poderes absolutos para fazer o que é bom ou certo. Só nossa vontade aliada ao Espírito Santo realiza esse feito.

Esperar a restauração de seu casamento é legítimo. Orar muito por isso é necessário. Mas o fato de seu marido não querer deve deixar você alerta. Não estou dizendo para desistir simplesmente, mas para ser prudente e pensar na possibilidade de viver sem que isso aconteça.

Como será? Você irá trabalhar, reorganizar a vida, pensar em projetos... Acha que não consegue mais viver sem estar casada? Por quê? Lembra que antes de casar você existia?

Meu conselho é: tenha fé e não tema. Há um Deus vivo e presente em sua vida.

Lá na Galileia, quando o mar se agitou e os discípulos ficaram perturbados, com medo da morte, lembraram-se que Jesus estava no barco e foram acordá-Lo. Com Sua ordem, a tempestade cessou. Então, Jesus perguntou a Seus discípulos: “Por que vocês estão com tanto medo? Ainda não têm fé?” (Marcos 4:40).

> ***“Tenho orado e jejuado muito pela restauração do meu casamento.”***

Ao mesmo tempo em que é normal ter medo, Jesus diz que ter “tanto medo”, ficar em desespero em meio à tempestade quando Ele está no barco é falta de fé. Jesus está ou não em sua vida? Sua relação com Ele permite confiar que sua vida não irá afundar neste grande mar de tristeza? Tenha Deus como porto seguro. Como âncora. Ele é a voz que acalma uma tempestade. Por que não acalmaria seu coração?

Inúmeras vezes temos a tendência de orar e jejuar crendo que se trata de uma fórmula mágica. Mas não é. Jejum é uma forma de quebrantamento e exercício espiritual para, principalmente, receber a direção do Senhor.

O objetivo do jejum é nos tornar sensíveis à influência de Deus. É uma maneira de dizer a Ele que estamos interessados na

> “O espírito do verdadeiro jejum e oração é o espírito que rende a Deus mente, coração e vontade.”
>
> *(Ellen White, Manuscrito, 28, 1900)*

resposta, instrução e compaixão Dele. É um instrumento de consagração, sempre aliado à oração.

Vamos pensar sobre alguns textos bíblicos:

> *"Agora, porém, declara o Senhor, voltem-se para mim de todo o coração, com jejum, lamento e pranto." (Joel 2:12)*

Qual é o objetivo? Consagração.

> *"Enquanto adoravam o Senhor e jejuavam, disse o Espírito Santo: 'Separem-me Barnabé e Saulo para a obra a que os tenho chamado.' " (Atos 13:2, NVI)*

O que os discípulos estavam buscando? Consagração.

> *"Assim, depois de jejuar e orar, impuseram-lhes as mãos e os enviaram." (Atos 13:3)*

Qual o contexto? Consagração.

> *"Decretem um jejum santo; convoquem uma assembleia sagrada. Reúnam as autoridades e todos os habitantes do país no templo do Senhor, o seu Deus, e clamem ao Senhor." (Joel 1:14)*

Outra vez um convite à consagração.

> *"E então permanecera viúva até a idade de oitenta e quatro anos. nunca deixava o templo: adorava a Deus jejuando e orando dia e noite." (Lucas 2:37)*

Qual era o estilo de vida dessa mulher? Consagração.

> *"Vá reunir todos os judeus que estão em Susã, e jejuem em meu favor. Não comam nem bebam durante três dias e três noites. Eu e minhas criadas jejuaremos como vocês. Depois disso irei ao rei, ainda que seja contra a lei. Se eu tiver que morrer, morrerei." (Ester 4:16)*

O jejum de Ester e do povo judeu também nos ensina muito. Entenda o contexto.

Os judeus foram exilados em Babilônia, mas quando o rei Ciro assinou um decreto autorizando a volta para casa, uma pequena parte voltou e outra não. Os que ficaram temiam a longa jornada de volta e já estavam acostumados a viver entre os medo-persas. Assim, por comodidade, desperdiçaram a oportunidade que Deus lhes dava naquele momento.

Após cerca de duas décadas, Xerxes, o Assuero, estava no trono e promulgou mais um decreto favorecendo os judeus com permissão para voltarem à terra de seus ancestrais. Novamente alguns judeus escolheram ficar. Deus, conhecedor do futuro, sabia que dura prova estava para vir sob Seu povo e o estava chamando para sair daquele lugar. Foi mais uma tentativa sem sucesso. Sim. Por vezes o Senhor age em nosso favor e nós somos tolos e egoístas demais para percebermos. Continuamos agarrados às facilidades, comodidades e desprezamos o cuidado de Deus.

Um homem chamado Hamã odiava um judeu chamado Mordoqueu. Movido por ódio Satânico, Hamã criou mentiras e as contou a Assuero de forma que todos os judeus do reino fossem mortos e, assim, ele pudesse enformar Mordoqueu.

O decreto chegou a todos os cantos daquela terra. O temor se alastrou sobre os judeus. Não havia mais o que fazer a não ser buscar a misericórdia do Senhor Eterno.

Quando tudo estava praticamente perdido aos olhos de todos, uma mulher foi usada como instrumento poderoso para interceder e incentivar seu povo a buscar a atuação de Deus. Ela e suas ajudantes se prontificaram para uma ação arriscadíssima, mas necessária. Consagraram-se com jejum e oração. Uma mensagem foi enviada a todos os judeus para que fizessem o mesmo.

Deveriam orar e jejuar nos próximos três dias clamando pela piedade do Senhor. A rainha entraria na presença do rei sem ser convidada. Isso poderia significar sua morte, mas estava pronta para morrer pela causa. Deus é quem decidiria o que seria de seu amanhã. Mas ela tentaria, sabiamente, convencer Assuero a ouvi-la e atendê-la.

O restante da história é de vitória em vitória. Deus age de maneira absoluta para o livramento de Seus filhos. Mas tenha em vista que o clamor dos judeus, o jejum e as orações demonstravam temor, reverência e completa submissão à soberania do Senhor. O povo se entregou a Deus e alcançou Sua misericórdia.

Não era Deus quem precisava ser convencido para acudi-los. Ele já o fizera outras vezes sem que ao menos quisessem o livramento. Inclusive desatenderam o convite amoroso do Senhor quando o mesmo mandou o profeta Zacarias para adverti-los quanto ao perigo de permanecer na Medo-Pérsia.

Ou seja, está claro que jejuar e orar é uma maneira que Deus nos ensinou para termos nosso coração convertido a Ele. Nosso Pai está sempre pronto a amar, perdoar, cuidar, curar, salvar... mas somente quando O buscamos de todo o coração, de toda a alma e de todo o entendimento é que uma ponte se levanta entre nós e o Céu. Entramos em sintonia com o Criador de todo o Universo. Somos envolvidos pelo Espírito Santo e nos é permitido viver uma fé madura e segura. O jejum e a oração, portanto, são instrumentos poderosos nesse processo.

Vivemos tempos muito difíceis. Deve ser nosso maior objetivo manter comunhão íntima com o Senhor. Só Ele pode nos livrar de nós mesmos e das armadilhas de Satanás. Mas é necessário cooperarmos. Ele diz "buscar-Me-eis e Me achareis quando Me buscardes de todo o vosso coração" (Jeremias 29:13).

Humilhemo-nos mais diante do Senhor com jejuns e orações fervorosas. Essas são maneiras de purificação quando feitas sob a luz do Espírito Santo e não como fardo, obrigação ou artimanha de convencimento e barganha. Longe disso.

Temos confiado demais em nossas próprias ideias ou conhecimento humano, mas se realmente temos interesse em servir a Deus de coração é necessário mais confiança em Sua Palavra e no Espírito Santo. São necessários mais consagração, amor e santificação.

"Teu pai [...] te recompensará." (Mateus 6:6, ARA)

Jesus incluiu o jejum em Suas recomendações no Sermão do Monte (Mateus 6:16-18) e garantiu que o jejum praticado com a correta motivação trará resultados: "e teu Pai, que vê em secreto, te recompensará" (Mateus 6:18).

Em Lucas 5:35, Jesus afirmou que os discípulos teriam necessidade de jejuar após Sua partida. Os seguidores de João Batista também faziam jejuns. E, quando os discípulos não conseguiram libertar um rapaz endemoniado, Jesus disse que lhes faltaram fé, oração e jejum (Marcos 9:29).

Não é meu conselho, mas o de Deus; ore e jejue.

Os obstáculos são muitos e nós precisamos de força. Sendo que nossa maior necessidade não é que eles sejam retirados do caminho, mas que sejamos capazes de suportá-los e ultrapassá-los.

"Darleide, nos ajude. Eu e meu marido não nos entendemos. Tudo é motivo para brigar. Ele é muito difícil."

Como não se entendem? Que linguagem estão usando? Ah, imagino. Deve ser a que quase todos nós melhor falamos; a linguagem do orgulho. Um não cede e o outro também não. Não se ouvem. Enquanto um fala o

"O verdadeiro jejum que se deve recomendar a todos é a abstinência de toda espécie de alimento estimulante, e o uso apropriado de alimentos simples e saudáveis, por Deus providos em abundância. Os homens precisam pensar menos sobre o que comer e o que beber, com relação a alimentos temporais, e muito mais com respeito ao alimento do Céu, que dará tono e vitalidade a toda a experiência religiosa."

(Ellen White, Carta 73, 1896)

outro está contra-atacando. Apenas se defendem. Não há diálogo, mas uma pessoa tentando convencer a outra de que está certa. Cada uma com suas razões e os dois perdendo-as. Um dia vocês se entenderam tanto que decidiram casar. Alguma coisa está desajustada, vamos voltar e ver o que houve. Vamos corrigir. Convido você a pensar mais sobre como Jesus tratava as pessoas.

Acompanhar o modo como o Galileu vivia nos fará saber o que falta corrigir em nossa conduta relacional.

Devemos, como cristãos, saber que quem ama se importa, transporta-se para o coração do outro. Jesus ouvia, olhava nos olhos, abraçava, tocava no que precisava para que o outro se sentisse acolhido; não condenava, não diminuía. Ele amava o bom convívio, a paz, a amizade, mas não dependia das ações ou palavras dos outros. Eu sei que isso é difícil, muito difícil, mas precisamos avançar nessa direção. Jesus não era reativo, mas proativo. Tinha postura, segurança, autoconfiança, mas era completamente humilde. Tinha calma para falar, calar e sair. Não esgotava seus argumentos com gritos impacientes. Tinha auto-controle. Até quando expulsou os vendedores do Templo o fez com zelo e autoridade, mas não foi visto como quem perdeu o controle e cometeu uma loucura.

Nós, ao contrário de Jesus, somos imediatistas e reativos. Entramos em confronto sem o menor preparo emocional ou espiritual. Deixamos o ego inflar e tomar o espaço da razão e do Espírito de Deus. Sucumbimos sob a influência do espírito de Satanás. Ele, por sua vez, aproveita-se dos nossos impulsos não santificados e nos prende em suas algemas de raiva, impaciência, agressão e ódio.

Ainda assim, nos valemos do título de cristãos. Não! Não somos cristãos sem considerarmos os relacionamentos pessoais. Seguimos Jesus publicamente, mas não temos paz dentro de casa. Não levamos o Jesus da igreja para nossa casa.

Jesus é tão enfático quanto a amar. Chegou a dizer que o mundo saberia que somos Seus seguidores se nos visse amando uns aos outros e, inclusive amando os inimigos e orando por eles. Não sei como pediu isso. Amar os inimigos é impossível! Não temos dúvida que é. Mas o que faremos? Diremos que Jesus não deveria ter dito algo tão absurdo ou consideraremos esse mandamento à luz da sabedoria, santidade e misericórdia Dele?

Ele mesmo disse que "o que é impossível para os homens é possível para Deus" (Lucas 18:27, NVI).

Ele sabe que não temos condição alguma. "Sem Mim, nada podeis fazer" (João 15:5), disse Ele. E nos dá o Espírito Santo para essa obra que está além da nossa capacidade racional. E, nós, cooperamos com Ele, intencionalmente, para mudar nossa condição, nos dar amor e paz.

Inimigos são os que nos odeiam, falam mal a nosso respeito e abusam de nós. Nos maltratam e nos perseguem. Como amá-los, Jesus?

A essa pergunta, Ele responde:

> *"Para que vocês sejam filhos do pai que está nos Céus, amem e orem por seus inimigos." (Mateus 5:45-44)*

O texto de Mateus 5:43 e 44 é ainda mais claro quanto ao que fazer. Porque é preciso agir e não somente sentir o que deve ser feito:

> *"Amem os inimigos e façam o bem aos que os odeiam." (Lucas 6:27, NVI)*

Seu cônjuge virou inimigo?

Então, faça o bem a ele. Pague o mal com o bem. Falou mal de você?

Abençoe-o com palavras de vida. Maltratou você? Ore por ele.

Não consegue? Para que existe o Senhor? Não é para nos dar capacidades espirituais e emocionais além das nossas forças comuns? Não é para nos tirar das trevas? Não é para nos fazer semelhantes a Jesus?

Esse é o tipo da coisa que não é fácil nem de falar e, muito menos de fazer. Isso é terrível. Nossa humanidade grita. Queremos bater, morder, matar... mas, isso passa na presença de Deus. O problema é que quando somos feridos temos dificuldade de nos aquietarmos no colo de Deus. Ficamos embrutecidos, carnais e violentos. O orgulho nos faz sentir gosto de sangue. Desejo de vingança.

E não é a mesma situação dos que não conhecem a Deus e não vivem sob o Seu Espírito? Não é a mesma reação?

Tomei conhecimento da seguinte história:

Uma mulher traída reuniu suas amigas mais próximas e juntas agrediram fisicamente a outra com quem seu marido mantinha um caso. Bateram na rival, mas não no marido, também adúltero. Vingaram-se com as próprias mãos. Alguns intervieram na selvageria e livraram a agredida das mulheres descontroladas. O caso foi parar no hospital e na polícia. Sabe quem eram aquelas pessoas e onde isso aconteceu? Eram mulheres que frequentavam a mesma igreja e a cena bizarra aconteceu em uma das dependências do templo.

O que diremos?

Pedro, lançando mão da espada e cortando a orelha do soldado que prendia Jesus foi elogiado ou repreendido por Ele?

Amados, a vontade de Deus é outra.

> *"Não retribuam a ninguém mal por mal. Procurem fazer o que é correto aos olhos de todos. Façam todo o possível para viver em paz com todos." (Romanos 12:17-18, NVI)*

Nunca procurem se vingar, mas deixem com Deus a ira, pois está escrito:

> *"Minha é a vingança; eu retribuirei, diz o Senhor. Ao contrário: Se o seu inimigo tiver fome, dê-lhe de comer; se tiver sede, dê-lhe de beber. Fazendo isso, você amontoará brasas vivas sobre a cabeça dele. Não se deixem vencer pelo mal, mas vençam o mal com o bem." (Romanos 12:19-21, NVI)*

É verdade que, às vezes, não será possível ter paz com o outro porque o outro não quer, mas, segundo Provérbios 16:7:

> *"Quando as atitudes de um homem são agradáveis ao Senhor, até os inimigos dessa pessoa vivem em paz com ela, pela vontade divina."*

Precisamos mesmo viver acima das paixões e padrões deste mundo. Que virtude há em ser cristão se isso não nos fizer superiores a nosso eu natural? Comparados com os que não temem a Deus, temos alguma vantagem? Há algo que nos diferencie? Se forem os aspectos exteriores, esqueça. Se for apenas nossa confissão de fé, não vale. O que irá nos distinguir e testemunhar poderosamente a respeito do Reino de Deus é o quanto somos capazes de amar. Esse tipo de amor evidencia nosso cristianismo e potencializa nosso crescimento espiritual.

> *"Um novo mandamento lhes dou: amem-se uns aos outros. Como eu os amei, vocês devem amar-se uns aos outros." (João 13:34, NVI)*

> *"Com isso todos saberão que vocês são meus discípulos, se vocês se amarem uns aos outros." (João 13:35, NVI)*

Amar não era um mandamento novo. A novidade é que os discípulos agora tinham um modelo perfeito. Replicando as atitudes amorosas e perdoadoras de Jesus, eles seriam perfeitamente cristãos.

Quem dirá que aquela mulher vingativa, que juntou as amigas para agredir a amante de seu marido é cristã? Quem dirá que as amigas solidárias na vingança são cristãs?

A verdade é que Satanás foi glorificado dentro da igreja "cristã". Uma pecadora foi ferida por outras pecadoras. Aquilo foi uma tentativa de homicídio.

Achamos um absurdo, mas quem nunca assassinou com a língua, com o falso testemunho ou com a pretensa justiça pessoal já é um vencedor e testemunha fiel do Eterno. Mas, aos demais, falta reconhecer o quanto estão longe do ideal cristão. E que o Espírito Santo se mova para nos convencer de tão grande mal até que estejamos quebrantados e transformados por inteiro.

Matamos os afetos e os amores da nossa família. Ofendemos, maltratamos e perseguimos os da nossa intimidade. Provocamos tristezas e inimizade a nossa volta.

> *"Aquele que não cuida dos seus familiares, principalmente dos da sua própria casa, tem negado a fé e é pior que o descrente." (1Timóteo 5:8)*

Esse texto bíblico declara uma forma gravíssima de incredulidade. Não ter cuidado com os que são íntimos e negar as virtudes do evangelho de Cristo anula a confissão de cristianismo. Afeta tão diretamente o centro do Reino de Deus que a condição do que não crê em Deus, neste caso, é muito menos ofensiva.

Capítulo 15

ADULTÉRIO E ÓDIO

Em Malaquias 2:13 a 16 o Senhor usa palavras duras com os homens que maltratavam as esposas e as abandonavam. Eram responsáveis por destruir a aliança, o compromisso que fizeram de amá-las e respeitá-las por toda a vida. E o Eterno Deus, que fora testemunha da sagrada aliança conjugal, defende a honra do casamento dizendo:

> *"Eu odeio o divórcio; eu odeio o homem que faz uma coisa tão cruel assim. Portanto, tenham cuidado, e que ninguém seja infiel à sua mulher."* (Malaquias 2:16)

Portanto, qual é o foco da abominação? O adultério. Não é assinar um pedaço de papel no cartório, como muita gente acha que é o objeto de horror. O que Deus abomina é a leviandade com que se faz e se desfaz um compromisso.

O adultério é uma violência terrível. Para alguns pode ser um "casinho", uma "pulada de cerca" e coisas afins, mas é uma agressão emocional e psicológica extremamente dolorosa para quem é traído. Resulta em medo, ansiedade, ciúme, destruição da autoestima, vingança e doenças psicossomáticas.

Sabia que a traição é algo que "gera ódio" no coração do próprio Deus?

Não há temor a Deus. Parece uma grande brincadeira. Um parque de diversões. Casam-se em uma Gomorra de ilusões e se descasam em uma Sodoma de impiedade.

Não esqueça que o tema aqui é o adultério. Um divórcio em decorrência de uma traição é legítimo. Tem respaldo bíblico.

Jesus, porém, dá destaque ao princípio das coisas. Como o casamento começou no coração de Deus, ele ainda é sagrado. Mas veio o pecado e endureceu o coração humano. Os dois que haviam deixado pai e mãe para construir uma história juntos, tornando-se uma só carne, se desprendem um do outro, se apartam e assinam o fim.

"O que Deus uniu, não separe o homem." (Mateus 19:6)

Entretanto, somos teimosos, mimados. Fazemos o que queremos, quando queremos e do jeito que queremos. Fazemos nossas próprias trilhas e enveredamos por caminhos de maldição.

Imagine que o casal cristão que chega ao divórcio chega ao nível da incredulidade. Não quero que ninguém se sinta culpado. Por isso estou falando de casal. Os dois precisam querer viver o ideal de Deus. Os dois precisam estar plantados na graça de Deus, ter o temor ao Senhor.

Um divórcio não quer dizer que alguém perdeu a salvação. Esse julgamento pertence ao Senhor em qualquer circunstância, mas tomando como base o que está escrito, há uma terrível desaprovação ao fim de um casamento motivado por adultério, desleixo com o casamento, falta de investimento na relação, falta de respeito, falta de amor, falta de tudo o que o Senhor poderia prover graciosamente, mas que não foi buscado na fonte como quem busca água quando está sedento no deserto.

Outro dia, ouvi uma moça que acabara de se divorciar dizendo que ela e seu ex-marido "serviam a Deus quando se conheceram e continuariam servindo a Deus após o divórcio".

> ***"Ou temos religião prática em casa ou a paixão, o romance e o sexo não sustentarão compromisso algum."***

Quem nos ensinou a nos enganarmos assim? Por que o Deus a quem servimos não ocupa lugar em nosso coração de servos durante o casamento? Então, somos pseudoservos. Não servimos a quem vemos, não somos generosos com quem convivemos de perto, como podemos fazer missão em terras distantes, falar de Jesus para as multidões e cantar a plenos pulmões sobre o Deus do impossível? Como podemos considerar a existência de um Deus poderoso se Ele é limitado para amolecer um coração resistente ao amor?

Ou temos religião prática em casa ou a paixão, o romance e o sexo não sustentarão compromisso algum. Parece que a maioria das pessoas é movida por euforia: age de acordo com a emoção que estiver à flor da pele.

Nos vangloriamos de sermos criados diferentes dos animais, com um cérebro capaz de pensar e tomar a melhor decisão. No entanto, quando nos convém, agimos de forma irracional. E ainda queremos justificar dizendo que esse era o melhor caminho.

Outra possível consequência do adultério é o ódio. Alguns o classificam como o oposto do amor. Podemos afirmar, porém, que o ódio poder ser o resultado da decepção causada pelo ser amado. Também é um dos resultados da perda da confiança no ser que se ama.

> **"A confiança e o amor precisam andar sempre de mãos juntas."**

A confiança e o amor precisam andar sempre de mãos juntas. Pois, juntos, transmitem segurança, estabilidade emocional e felicidade ao casal. Quando ocorre o adultério, esse elo é rompido: sem confiança, o amor tem grandes dificuldades para sobreviver.

Ver que o outro adulterou causa tristeza, machuca a alma, e, consequentemente, pode levar ao ódio. Sentimento que também, maltrata, envenena e mata interior e exteriormente quem já está sofrendo e insiste em alimentar o ódio.

Entretanto, não precisa ser assim. Por que insistir em continuar se machucando? Se cada um buscar a Deus, principalmente em momentos de dor, angústia e tristeza, haverá cura e restauração.

Ele é o único capaz de curar as feridas, de conceder perdão a quem pecou e conforto e amor perdoador a quem foi ferido.

Deus é maravilhoso e está sempre pronto a ajudar Seus filhos e a lhes mostrar o melhor caminho para a salvação e a felicidade. Mesmo que Ele não impeça as consequências, jamais desampara os que O buscam.

Senhor, muito obrigado pelo perdão. Lava-me com Teu amor, me limpa com a Tua misericórdia, veste-me com a Tua graça. Faze-me esquecer das minhas quedas, lembra-me que sou Teu filho. Por favor, restaura, cura minhas emoções. Levanta-me, Deus, abraça-me, Senhor. Pai nosso, que estás no céu e bem pertinho de mim. Santificado seja o Teu templo que é a minha mente. Faça-se a Tua escolha e não a minha vontade. Dá-me hoje a misericórdia de cada dia. Pois Teu é o poder, a esperança e a salvação. Amém!

J. Washington

Capítulo 16

AMOR ETERNO

Com a participação de Rosana Alves, Ph.D. em Neurociência

Parece que a maioria das pessoas é movida por euforia: agem de acordo com a emoção que estiver à flor da pele. Entretanto, isso não combina com seres adultos racionais. Nos vangloriamos de sermos criados diferentes dos animais, com um cérebro capaz de pensar e tomar a melhor decisão. Mas, quando nos convém, agimos de forma irracional. E ainda queremos justificar dizendo que esse era o melhor caminho.

O amor de verdade, aquele que sustenta um casamento, que educa filhos, é resultado de constante análise de situações, de olhar sob a ótica alheia, de tolerar as falhas do outro, de uma serenidade que a paixão desconhece.

A paixão é exagerada, egoísta, obcecada. O amor é sereno, simples, prestativo, mas profundo e com disposição para um permanente estado de aprendizado e melhoramento. Com o passar do tempo, o verdadeiro amor se torna mais sólido e bonito.

A ciência diz que nosso cérebro não suportaria viver em constante paixão, pois esse estado libera dopamina, adrenalina e outras substâncias acima das quantidades ideais para o bom funcionamento e tomada de decisões mais assertivas.

Então, por que algumas pessoas pensam que podem viver de paixão em paixão? A paixão precisa dar lugar ao amor para promover saúde mental: se isso não acontecesse, ficaríamos viciados nela. Isso mesmo: a paixão também pode se tornar um vício, levando o indivíduo a trocas constantes de parceiros com o intuito de provocar excitações cada vez mais intensas no cérebro. Ah! Por isso eu gosto de tudo que Deus faz: primeiro vem a paixão, pois ela quem

> **“*O amor, além de não ser para pessoas preguiçosas e manhosas, também não é para os apressados.*”**

nos faz ser atraídos por alguém que antes nem sequer conhecíamos, mas depois Ele manda o amor que, com sua serenidade e maturidade, faz com que permaneçamos com o outro, mesmo que esse outro seja cheio de defeitos. O amor faz aumentar cada vez mais a oxitocina no cérebro, substância considerada a "cola conjugal", responsável por continuar querendo bem ao outro, mesmo depois de sermos decepcionados. Essa oxitocina não aumenta da noite para o dia: exige anos de perseverança. Assim, o amor não se torna sereno num piscar de olhos, não se comporta de forma branda sem esforço contínuo. O amor, além de não ser para pessoas preguiçosas e manhosas, também não é para os apressados. Mas, como manter o amor?

> *"[...] Aprendei de mim, que sou manso e humilde de coração; e encontrareis descanso para as vossas almas." (Mateus 11:29, NVI)*

Há tantas pessoas que querem aprender ser como Jesus, mas acham que esse processo ocorre de forma passiva, sem investimento algum. Pensam que só o pálido desejo de mudança já é o suficiente para que tudo seja diferente.

Se fosse assim, o Mestre não teria utilizado a palavra "aprendei". Sabe por quê? Pois no processo de aprendizagem não há espaço para o comodismo. Aprendizagem é um processo ativo e constante, resultado da observação e constante modificação de padrões comportamentais. E tem mais: quanto mais considerarmos importante aprender algo, mais investiremos tempo e energia na atividade, acelerando assim o processo de aprendizagem.

Não me esqueço da definição simples para o processo de aprendizagem utilizada por meu professor: primeiro é difícil para depois se tornar fácil. Guardo essa frase, pois de fato, ela resume o que acontece quando estamos aprendendo alguma coisa. A dificuldade para aprender uma nova língua, para manobrar o carro ou decorar uma música vai diminuindo com o tempo, não é assim? Quanto mais se pratica, mais fácil vai ficando. Não resulta de um passe de mágica, mas de esforço contínuo.

O cérebro vai mudando com o processo de aprendizagem: as conexões neuronais para armazenamento do conteúdo aprendido vão se fortalecendo com a repetição. É como uma trilha aberta na floresta: quanto mais vezes for usada, mais o caminho vai ficando limpo e fácil de passar, até chegar ao ponto de a trilha estar sem mato algum, sem nada atrapalhando a passagem. É por isso, por exemplo, que para aprender a trocar a marcha do carro, a princípio, exige uma sequência de comportamentos mecânicos e meticulosamente pensados e, depois, se torna tão automático que nem precisamos pensar para realizar a troca.

Cabe ainda fazer mais um comentário sobre a aprendizagem: quanto mais jovens formos para aprender algo novo, mais fácil é, pois o cérebro está em sua plena capacidade funcional. Assim também ocorre com as coisas do Alto: quanto antes começarmos a aprender de Jesus, mais fácil será o processo; se demorarmos para começar a imitá-Lo, o processo se torna mais árduo. Por isso, não deixe para amanhã para aprender a ser manso e humilde como Ele é.

Assim, exercite o amor conjugal. Para muita gente, o amor é algo que nasce espontaneamente, como algo mágico e sem explicação, mas já vimos que isso não é verdadeiro. Acontece o sentimento de atração, mas amor, não surge apenas numa troca de olhares. Ainda que alguém tenha vivido uma história próxima a isso, lhe asseguro que se aquele olhar registrou um encontro que mudou a história do casal, caso não aprendessem a demonstrar amor além da sensação gostosa ou do famoso “frio na barriga”, aquele olhar inicial não significaria nada.

E o que mais reforçamos ao longo deste livro é a necessidade de aprender a viver o amor obedecendo a Deus. Ele nos guia. Ele nos orienta. Ele fala a nosso coração indicando o caminho a seguir. Escute a voz do Espírito Santo sobre como proceder, como viver, como ser e amar.

Lembro de uma mulher, casada já há anos, dizer que não aguentava mais as constantes traições do marido. No meio do desabafo, ela diz que sabia que não deveria ter se casado com ele: pois, além de não pertencerem à mesma fé, a família a havia aconselhado a não se casar com ele. Mas como ela queria aquela paixão a qualquer custo, escreveu uma carta para Deus dizendo que arcaria com as consequências daquele casamento, mas não abriria mão de realizar seu Desejo. Agora ela estava ali, diante de mim, arrasada não somente pelo desrespeito do marido, mas também por ter desdenhado os conselhos claros e divinos.

> **“*...quanto antes começarmos a aprender de Jesus, mais fácil será o processo; se demorarmos para começar a imitá-lo, o processo se torna mais árduo.*”**

Talvez você esteja pensando: “Ela achou que seria diferente?”, “quanta ousadia descartar o conselho de Deus e resolver as coisas do próprio jeito!”.

Você acha que às vezes não agimos da mesmo modo que ela? Deus diz claramente como devemos agir com nosso cônjuge, que palavras de sarcasmo e condenação nunca deveriam ser pronunciadas mas, vira e mexe, estamos utilizando artifícios como esses para magoar o outro. Nesses momentos, também descartamos os conselhos de Deus e teimamos em resolver as coisas do nosso jeito. E quando a consequência é um relacionamento desmantelado, cheio de mágoas, eu lhe pergunto: "você achou que seria diferente?".

> *"Considerando, pois, que tendes a vossa vida purificada pela obediência à verdade que leva ao amor não fingido, amai uns aos outros de todo o coração. Fostes regenerados não a partir de uma semente perecível, mas imperecível, por meio da palavra de Deus, a qual é viva e operosa por toda a eternidade." (1Pedro 1:22)*

Regenerar significa construir novamente; desenvolver ou realizar algo outra vez. Corrigir. Reviver. Conceder uma vida nova. Restaurar; organizar novamente; fazer a reconstituição de algo.

Ocorre um processo de correção, restauração, desenvolvimento e organização quando a Palavra de Deus nos atinge. Nossa mente, nossos pensamentos e comportamentos são moldados pela natureza Divina que é enxertada em nós.

Essa reforma é contínua e rasga nossos velhos conceitos, nossas velhas ideias sobre todas as coisas. Muda a matriz mental, muda a forma como percebemos a vida e a própria história.

> *"Em outros tempos, também éramos insensatos e desobedientes. Vivíamos no engano e nos tornamos escravos de muitas paixões e prazeres. Éramos cheios de maldade e inveja e odiávamos uns aos outros. Mas, quando, Deus, nosso Salvador, revelou Sua bondade e Seu amor, ele nos salvou não por que tivéssemos feito algo justo, mas por causa de Sua misericórdia. Ele nos lavou para remover nossos pecados, nos fez nascer de novo e nos deu nova vida por meio do espírito Santo. Generosamente derramou o Espírito sobre nós por meio de Jesus Cristo" (Tito 3:3-6). "[...] Ele nos lavou [...] e nos fez nascer de novo [...]."*

Quando Deus disse que nos queria como propriedade exclusiva, Seus sacerdotes e escolhidos, também estava dizendo que cuidaria de nos conceder o melhor do Céu. Resgataria nossa identidade.

Faria habitar dentro de nós o Seu Espírito. No Éden, soprou nas narinas do primeiro homem e a vida Dele foi transferida para Adão. Agora, após o resgate da salvação feito por Jesus Cristo, Ele, o Senhor, soprou Seu Espírito em nós para nos fazer renascer.

O Espírito Santo, ao gerar o novo nascimento na vida do cristão produz vida onde antes havia morte.

Você ainda acha que o Espírito Santo não pode mudar tudo em sua vida? Que aquele mau hábito está tão enraizado que é impossível agir diferente? Esqueceu que o Espírito Santo é Deus Todo-Poderoso?

Se Ele pode abrir o mar, devolver a vista aos cegos, resgatar completamente dependentes de drogas, Ele pode mudar você por completo!

> *"Ele vos deu vida, estando vós mortos nos vossos delitos e pecados." (Efésios 2:1)*

Tenha em mente que é um grande erro apostar na falta de amor entre as pessoas, especialmente entre os casais casados, como algo irrevogável. A Palavra de Deus e o Espírito Santo realizam profundas mudanças em nossa mente. Quando o Espírito do Senhor nos é concedido, flui em nós a vida que há em Deus; e se Deus é amor, não é possível que nos falte amor. Não é possível!

"Mas, Darleide, eu já fiz de tudo para volta a amar. Oro muito e peço a Deus que me ajude, mas não sinto nada por ele ou ela."

Conheço bem de perto os casos de pessoas que dizem ter feito de tudo. Só que não foi percebido um movimento de temor a Deus. Ao menos um falhou em buscar a face de Deus com inteira consagração. Ao menos um ouviu mais o coração natural em vez do coração espiritual. Não existe a menor possibilidade de eu acreditar que um mortal contradiga a Palavra Perfeita do Senhor.

"[...] Do seu interior fluirão rios de água viva." (João 7:38)

"Darei a vocês um coração novo e porei um espírito novo em vocês; tirarei de vocês o coração de pedra e, em troca, darei um coração de carne." (Ezequiel 36:26)

Não existe a menor possibilidade de um cristão se relacionar honestamente com o Senhor Jesus, Sua palavra e Seu Espírito, sem vivenciar o amor. Digo isso sem medo e não considero estar sendo leviana. Se estiver sendo, então, não sei mais o que é poder de Deus.

Até mesmo o mais debilitado, o mais limitado de nós pode experimentar mudanças lindas quando exposto cuidadosamente à fé.

"Até mesmo o mais debilitado, o mais limitado de nós pode experimentar mudanças lindas quando exposto cuidadosamente à fé."

Até um tempo atrás, a ciência acreditava que a fé não tinha esse poder curador; pelo contrário, o pensamento predominante era de que somente a medicina convencional podia conferir cura. Louvo a Deus porque isso mudou e até os mais céticos começam a aceitar que há poder restaurador para aquele que se rende a uma vida de confiança no Invisível.

A ciência tem se dedicado mais e mais a desvendar o porquê de a fé fazer tão bem ao ser humano. A mídia já não tem mais receio em divulgar tais trabalhos científicos que comprovam os benefícios da fé para a saúde da mente e do corpo. Felizmente, importantes pesquisadores da atualidade (que não conduziram suas pesquisas com o intuito de defender qualquer crença) reforçam a importância da fé e da religião nos processos de prevenção e cura de diferentes distúrbios psicopatológicos.

O Dr. Abílio da Costa-Rosa, renomado psicanalista brasileiro, mostra em uma de suas pesquisas que a religião desempenha papel fundamental na melhora e adaptação de indivíduos com transtornos psicopatológicos, além de aumentar a adequação da relação consigo mesmos e com o cotidiano. Para ele, a eficácia da religião está baseada na adição de sentido à vida do indivíduo, o que provoca mudança de posicionamento subjetivo em relação aos problemas, ao modo de tratá-los e ao próprio modo de vida.[1] Pesquisadores da Universidade de Colúmbia (Nova York) mostram que a religiosidade pode melhorar a performance do córtex de indivíduos. Os estudos indicam que indivíduos com depressão tem o córtex mais fino; porém, em indivíduos com pré-disposição para desenvolver depressão, mas com alto nível de espiritualidade e fé (que não está relacionada ao simples fato de frequentar uma igreja), apresentavam córtex mais espesso. O que isso significa? Significa que a religião traz sentido à vida, que confere ao ser humano melhor capacidade de análise de uma situação e tomada de decisão mais coerente. A fé muda o cérebro para melhor! Isso não é maravilhoso?

> *"Quem dera eles tivessem sempre no coração esta disposição para temer-me e para obedecer a todos os meus mandamentos. Assim tudo iria bem com eles e com seus descendentes para sempre." (Deuteronômio 5:29)*
>
> *"Se vocês me amam, obedecerão aos meus mandamentos." (João 14:15)*
>
> *"Assim que me ouvem, me obedecem; são estrangeiros que se submetem a mim." (Salmos 18:44)*
>
> *"Por que vocês me chamam 'Senhor, Senhor' e não fazem o que eu digo?" (Lucas 6:46)*

---

1 COSTA-ROSA A. Curas Místico Religiosas e Psicoterapia. Estudos de Religião. São Bernardo do Campo, 1999. v. 16, p. 123-139.

"Sejam praticantes da palavra, e não apenas ouvintes, enganando vocês mesmos." (Tiago 1:22)

"Não deixe de falar as palavras deste livro da lei e de meditar nelas de dia e de noite, para que você cumpra fielmente tudo o que nele está escrito. Só então os seus caminhos prosperarão e você será bem-sucedido." (Josué 1:8)

"Como filhos obedientes, não se deixem amoldar pelos maus desejos de outrora, quando viviam na ignorância." (1Pedro 1:14)

"Porque nisto consiste o amor a Deus: em obedecer aos Seus mandamentos. E os Seus mandamentos não são pesados." (1João 5:3)

Sabe, quando Adão e Eva ainda não haviam pecado, a harmonia era completa entre todos ali. Mas, quando os dois cometeram a loucura de se esquecer do que Deus lhes havia instruído quanto a ficar longe da possibilidade de conhecer o mal, veio também a desarmonia entre o Criador e Seus filhos. A natureza sofreu, a mulher sentiria dores no parto, o homem deveria trabalhar para sustentar sua família com cansaço e suor... mas também é muito clara a cena de desarmonia entre o próprio casal. O homem que tanto amava sua esposa passou a acusá-la. Lançou sobre ela toda a culpa por ter aceito a proposta da maldita serpente. É exatamente o pecado que nos afasta uns dos outros e torna o casamento, em especial, um ambiente de tristeza para muitas pessoas. Somos todos pecadores, é claro, mas o afastar-se de Deus, desprezar a salvação que o Senhor Jesus nos deu e deliberadamente virar as costas para o Reino não pode resultar em paz e alegria; nem espiritual nem relacional.

A desobediência a Deus é o centro da questão. Parece que estamos vivendo o tempo de uma terrível epidemia. As pessoas são contaminadas por uma doença grave, provocada por um vírus que ataca o sistema nervoso central das relações e destrói completamente a capacidade de reação aos desafios da convivência. Elas ficam cambaleando, tristes, perdidas, vazias e completamente iludidas. Passam a crer em visões de felicidade rápida e pagam até o preço de perder a eternidade em troca de uma "cura" fácil. Nem sabem que é uma falsa cura, porque a dor volta mais intensa, mais debilitante. Essa doença ataca principalmente os que ficam expostos a uma existência sem compromisso com Deus. Aos que entram em contato com a atmosfera de uma religião fraca e sem Jesus; uma religião contaminada com o êxtase momentâneo, com a emoção que balança o corpo, mas que não move o coração. Ou mesmo a rigidez de uma experiência religiosa com sintomas graves de farisaísmo. Religiosos sem compromisso com a verdade distorcem até mesmo os textos mais claros das Escrituras para justificar seus maus hábitos, para justificar sua busca desenfreada por prazer a qualquer custo. Uma vez, entrevistaram uma famosa que estava dançando seminua em uma festa e lhe perguntaram: "mas você não é cristã?" Ela respondeu: "sou sim, mas posso todas as coisas Naquele que me fortalece"!

Talvez você esteja rindo agora com tamanha distorção do texto. E você tem razão de achar a resposta bizarra, pois Paulo está dizendo nesse trecho bíblico que em Jesus ele podia superar qualquer situação, por mais desafiadora que fosse (como fome e ser açoitado), porque era Jesus quem o fortalecia.

No entanto, quantos de nós têm distorcido os textos apenas por conveniência pessoal. Quantos têm se apoiado no texto que diz que devemos suportar uns aos outros para dizer que não somos obrigados a amar e sim a suportar, tolerar os desafetos.

Incrível que até mesmo o termo suportar tem seu significado distorcido! Suportar significa "ter sobre ou contra si (algo) e não ceder; aguentar, resistir. Oferecer sustento para algo mais frágil". Opa! Até parece que suportar é sinônimo de amar, não parece?

Maturidade e amor

Há pessoas que envelhecem, mas não amadurecem. Para algumas delas o tempo não proporciona maturidade; continuam com comportamentos infantis sem progredir para o mundo adulto.

A primeira característica da maturidade é ver a realidade como ela é, sem máscaras, fantasias, preconceitos ou dependências doentias. É o resultado de um aprendizado constante, insistente. É um processo que dura a vida toda, melhorando sempre. As inseguranças e egoísmos vão dando lugar a uma vida de responsabilidade pelos próprios atos, sem dar desculpas para as próprias falhas ou culpar os outros pelos erros cometidos. Aceitar o inevitável, ser bem-humorado, conhecer a si mesmo, reconhecer as próprias debilidades e receber bem as críticas também são características de quem é maduro. O famoso "pavio curto" ou o "não levar desaforo para casa" são típicos de pessoas que não conseguem controlar as próprias emoções, que não sabem respirar e contar até dez a fim de se acalmar em diversas situações. Todos nós facilmente reconhecemos essas características como comportamentos desequilibrados, comportamentos imaturos. Casamentos tumultuados evidenciam a falta de maturidade de um dos pares. É essa imaturidade que faz a pessoa se posicionar no centro absoluto do relacionamento ou colocar o outro nesse lugar que não pertence a nenhum dos dois, mas somente a Deus. Supervalorizar-se ou idolatrar o outro são manifestações de uma vida imatura. Claro que a imaturidade pode ser fruto de uma infância marcada pelo sofrimento, pela falta de estrutura emocional dos pais, pelo abuso sexual ou pelo abandono emocional. Algumas pessoas, devido a essas fatalidades, enfrentarão maiores desafios para amadurecer e ser felizes, pois terão que superar crenças limitantes fortemente arraigadas ou obter cura de alguma doença emocional. Porém, é tão bom saber que, mesmo aqueles que foram vítimas da vida podem superar suas dificuldades e amadurecer. Ninguém está só nesse processo: o próprio Deus irá à frente abrindo caminho, criando possibilidades.

> *"...a primeira característica da maturidade é ver a realidade como ela é..."*

Esse mesmo Deus capacitou profissionais para lhe ajudar a se livrar das amarras emocionais. Se necessário, recorra a um desses profissionais, mas não continue sofrendo e nem fazendo outros sofrerem. Sobretudo, o Espírito Santo pode limpar memórias e nos dar alívio para nossas tristezas e traumas.

Amor não é codependência afetiva

"[...] Tudo sofre, tudo crê, [...] tudo suporta [...]" Quando lemos essas características do amor na carta de Paulo aos Coríntos, não podemos confundir com dependência de vínculo (chamada por alguns de codependência). A dependência de vínculo é um transtorno emocional caracterizado pela inabilidade de manter relacionamentos saudáveis, gerando muita insatisfação e desconforto. O dependente acredita que sua felicidade depende exclusivamente da felicidade do outro e, por isso, age muitas vezes de forma insana. A necessidade desenfreada de estar com o outro como única forma de ser feliz resulta em relacionamentos doentios, carregados de sofrimento. O outro se torna o centro da vida do dependente e todas as outras áreas da vida são impactadas por essa relação de dependência afetiva. Estar com o outro, fazer o outro feliz se torna uma necessidade e não um prazer. E é nesse contexto que o dependente permite abusos, pois tem medo de perder o outro. A possessividade, o ciúmes doentio e o desejo de exclusividade são também características frequentes na dependência de vínculo. Se o relacionamento não traz alegria e sim constante sofrimento e tristeza, é necessário prestar atenção. Essa dependência pode levar ao ponto de não imaginar a vida sem o outro e, se necessário, matar o outro para não perdê-lo. A vida só tem sentido com o outro, torna-se uma idolatria. Por isso, não tem como confundir amor com dependência de vínculo: o sofrimento temporário do amor gera crescimento, satisfação, respeito e confidencialidade. O amor não sufoca, não provoca escândalos, não rouba a alegria de viver. É sereno, refrigera a alma. Se mesmo assim você ainda tiver dúvida se o que você sente é amor ou dependência, um verso bíblico ajuda a esclarecer: “Pelos seus frutos [o] conhecereis” (Mateus 7:16, ARA).

Quando recorrer a ajuda profissional

Muitas vezes o casamento não vai bem porque um dos cônjuges está com algum problema emocional. Independentemente de como esse problema surgiu, uma solução precisa ser encontrada e, às vezes, é necessário procurar ajuda de um profissional. Mas o preconceito ainda existe, impedindo essa busca. Preconceito do próprio doente ou da família só atrapalham nesses momentos. Ninguém tem vergonha de contar aos familiares que tem diabetes, artrite, hipertensão ou gastrite. Além disso, os gastos com a medicação farão parte do orçamento doméstico e a prescrição médica será seguida. Os familiares dirão que o retorno às consultas é necessário e sempre lhe perguntarão se tomou a medicação, pois "saúde é coisa séria". Mas quando a doença é mental, as pessoas escondem o diagnóstico, pois não querem que os outros as considerem inferiores. Depressão, ansiedade, ataque de pânico, entre outras, são consideradas doenças para pessoas desocupadas ou que querem chamar a atenção. As estatísticas preocupam: A Organização Mundial da Saúde indica que 30% da população mundial apresenta algum transtorno mental, sendo a depressão e a ansiedade os mais prevalentes. De acordo com um estudo internacional, a prevalência de transtornos mentais na região metropolitana de São Paulo é a mais alta registrada em 24 países, sendo mais severa do que em metrópoles como Nova York. Não somente a prevalência preocupa, mas também a negligência no tratamento destas psicopatologias; pois a ignorância sobre o assunto, tanto dos familiares quanto do próprio enfermo, tem sido responsável pela não procura de tratamento adequado e, consequentemente, pelo aumento do sofrimento psíquico.

É importante ressaltar que o sofrimento psíquico não é vergonha, pois ele é uma condição inerente ao homem desde que o pecado invadiu a Terra, e cabe a nós ter discernimento para lidar com esse sofrimento. Vale ressaltar que as patologias emocionais têm acompanhado a história da raça humana após a desobediência de Adão e Eva. Desde então, o Criador tem usado de diferentes estratégias para curar a dor humana. Uma estratégia para cada caso. Um remédio para cada dor. Sempre com o intuito de aliviar as consequências deletérias do pecado sobre nós, pois não é plano de Deus que soframos e Ele mesmo disse que é necessário vivermos livre das emoções prejudiciais. O plano Dele é que tenhamos vida e vida em abundância. Mas como se livrar da sensação subjetiva de angústia e apreensão? É possível simplesmente "decidir" viver livre da ansiedade e conseguir libertar-se? Para a maioria dos casos, sim: tomamos a decisão se queremos continuar sofrendo ou não. E é quanto à decisão que a maioria das pessoas se confunde, pois muitos pensam que a decisão por si só é suficiente para resolver o problema. Mas não é assim. A decisão é o primeiro e mais importante passo, mas passos subsequentes são necessários para o restabelecimento da saúde emocional. Vamos tentar entender com um exemplo bem simples: quando você acidentalmente corta o dedo, você decide que quer se livrar do sangramento (se não tomar essa decisão, talvez morra de hemorragia). O passo seguinte é a escolha de uma estratégia eficaz de como fazer isso: se o corte for simples, você mesmo lava a superfície machucada e faz um curativo; entretanto, se perceber que o dano é mais sério, imediatamente você irá procurar ajuda profissional, pois perceberá que não será capaz de resolver sozinho a dano. Os próximos passos serão: permitir que a equipe de saúde realize os procedimentos necessários, utilizar a medicação recomendada pelo médico etc. Entendeu? A decisão de melhorar é importantíssima, mas muitas vezes é necessário fazer algo mais. Quanto às emoções, também vale seguir a mesma estratégia: se os sintomas persistirem, mesmo após a mudança de alguns comportamentos e pensamentos prejudiciais, o acompanhamento de um profissional se torna indispensável. Jesus disse, por exemplo, que não deseja que andemos ansiosos, mas não disse que deveríamos nos livrar sozinhos desse transtorno.

"A Decisão de melhorar é importantíssima, mas muitas vezes é necessário fazer algo mais."

Ao longo da história, as estratégias divinas para resolver os problemas humanos têm sido variadas. Para Adão e Eva, Ele costurou roupas amenizadoras da vergonha e do desespero; para acalmar o coração de Elias, Ele Se apresentou na suave brisa; para a mulher samaritana, Ele reservou tempo para uma conversa a sós; para a rejeitada Maria Madalena, Ele demonstrou simpatia e amor ao aceitar a oferta de gratidão. Assim, para as diferentes dores, existem diferentes remédios. Para as dores físicas, os mais variados tratamentos; para as inquietudes da mente, inúmeras abordagens psicoterapêuticas. A psicoterapia pode ser o método de Deus para amenizar seu sofrimento; enquanto para outros, os remédios são mais eficazes. Se uma estratégia terapêutica for indicada, não recuse fazê-la, pois ela pode ser a estratégia divina para resolver seu problema. Torna-se oportuno lembrar que nas histórias citadas acima, Deus utilizou de "argumentação terapêutica" para iniciar o processo de cura.

> "Nós necessitamos, e quanto, de médicos para a alma, que tenham sido educados na escola de Cristo e que possam trabalhar nas fileiras de Cristo."
>
> *(Ellen G. White, Review and Herald, 17/12/1914)*

Mas lembre-se: as terapias não podem substituir a fé em Deus; devem ser auxiliadoras nesse processo de descoberta de uma vida feliz. Se você perceber que seu cônjuge não está bem, incentive-o a procurar ajuda. Isso fará bem para vocês dois.

Perdão

Já escutei muitas pessoas dizendo: "perdão tem limite!" Deve ter limite mesmo? O que deve ser usado como critério para dizer "já chega; não perdoo mais"?

Sabe, estamos acostumados a nos considerar melhores que os outros, mais perfeitos. No fundo, ainda achamos que damos mais perdão do que recebemos. Ainda estamos impregnados com o senso de justiça própria, quando não passamos de trapo de imundícia.

Claro que não é fácil perdoar a mesma pessoa, pela mesma ofensa, durante anos. Sabe quando o marido pede perdão e promete que não vai fazer mais aquilo, mas antes mesmo do que se imagine, está ele fazendo tudo de novo? E quando a esposa mais uma vez falou mal de você para os outros, mesmo depois de você ter pedido inúmeras vezes para não fazer isso?

Não é fácil perdoar, sabe por quê? Porque ainda não entendemos que devemos perdoar!

Sim: somos obrigados a perdoar! Da mesma forma que já fomos perdoados por Deus (a despeito da tamanha ofensa que Lhe fizemos) também devemos perdoar. Claro que o plano de Deus é que entendamos o quanto o perdão faz bem a nós e aos outros, mas enquanto esse entendimento não acontecer, devemos seguir perdoando mesmo assim.

Além disso, o perdão não está condicionado à gravidade do erro, ao quanto amamos o ofensor ou a qualquer outro argumento. Quando devemos perdoar é muito simples: quando alguém ofender, não importa quem nos ofendeu ou como nos ofendeu. Pelo menos é isso que está escrito na Bíblia:

> *"Antes sede uns para com os outros benignos, misericordiosos, perdoando-vos uns aos outros, como também Deus vos perdoou em Cristo." (Efésios 4:32, ARC)*

> *"Suportando-vos uns aos outros, e perdoando-vos uns aos outros, se alguém tiver queixa contra outro; assim como Cristo vos perdoou, assim fazei vós também." (Colossenses 3:13, ARC)*

Perdoar como Jesus perdoou é comportamento de gente transformada, de gente que entendeu a grandeza do Evangelho. Quem não perdoa, mesmo que confesse ser cristão, está vivendo de aparência, enganando a si mesmo, pois não perdoar gera amargura, rancor, humilhação, raiva, desrespeito, e tudo isso é o oposto ao fruto do Espírito. Já perceberam que as pessoas mais amargas e pessimistas sempre estão falando mal dos outros? No discurso delas sempre existe o nome de alguém que lhe tratou mal, que não a ajudou quando precisava, a alegação de que não são reconhecidas pelo bem que fazem. Os outros sempre são colocados como falhos demais, não merecendo perdão. Dizem que são tristes porque são vítimas constantes dos outros; lançam sobre o outro a responsabilidade pelos seus próprios sentimentos.

O perdão seletivo, oferecido quando achamos justo oferecer, não tem nada de perdão. Isso é egoísmo. Sim, egoísmo! Porque é o egoísmo que move o comportamento pensando exclusivamente nos ganhos pessoais. Perdoar um amigo porque a companhia dele gera prestígio, perdoar o patrão porque depende do emprego, relevar o caráter duvidoso do marido porque ele concede conforto financeiro são atitudes egoístas. O perdão deve ser exclusivamente porque reconhecemos que o outro ofende da mesma forma que também ofendemos, que todo ser humano tem falhas que carecem de misericórdia. Perdoar liberta, gera saúde para o corpo; traz brilho para os olhos e leveza para a alma!

Não posso deixar de compartilhar estudos fantásticos sobre o perdão. Claro que os argumentos bíblicos já são suficientes para nos convencer da necessidade de perdoar, mas é gostoso ver a ciência confirmando que perdoar é extremamente necessário para sermos felizes e saudáveis. Um estudo italiano sobre o tema revelou aspectos bem interessantes sobre o perdão e a vingança: ambos estimulam o córtex pré-frontal, região do cérebro responsável pela tomada de decisão consciente.[2] Quando decidimos perdoar, estruturas cerebrais da empatia também são ativadas e passamos a julgar a situação a partir do ponto de vista do outro e não do nosso. Já quando decidimos vingar, o córtex pré-frontal estimula estruturas que interpretam a intenção do outro como imperdoável, já que o ofensor escolheu nos prejudicar. Entendeu? Diferente do que se imagina, o comportamento ofensor dos outros ativa primeiro a região da razão no nosso cérebro, região responsável pela análise da situação e tomada de decisão. Depois de decidirmos se vamos perdoar ou retaliar é que as regiões específicas e os respectivos sentimentos vão entrar em ação. Essas informações são incríveis! Mostram mais uma vez que podemos sim perdoar; basta decidirmos por isso! Em outro estudo, voluntários foram divididos em dois grupos. Um grupo foi incentivado a perdoar, enquanto o outro foi incentivado a vingar. Esses voluntários foram submetidos à ressonância magnética no momento do teste e foi possível observar que o perdão traz alívio imediato ao cérebro, reduz a pressão arterial e a frequência cardíaca; já o desejo de vingança libera cortisol, o hormônio do estresse, gerador de muitas doenças. Se ainda não estiver convencido, aqui vai mais um motivo para perdoar: o rancor de quem não perdoa faz envelhecer mais rápido, pois o estresse crônico desencadeado por esse sentimento negativo afeta os genes, acelerando o processo de morte celular. O rancor e a mágoa, sentimentos sustentados por quem não perdoa,

2 STRANG, S. et al. Neural Correlates of Receiving an Apology and Active Forgiveness: An fMRI Study. PLoS One, 2014, v. 9, n. 2, p. e87654.

> *O rancor e a mágoa, sentimentos sustentasos por quem não perdoa, são considerados extremamente prejudiciais para o cérebro e para o resto do corpo.*

são considerados extremamente prejudiciais para o cérebro e para o resto do corpo, pois liberam os hormônios do estresse, potencializando riscos cardíacos, aumentando as chances de desenvolver ansiedade e depressão e perturbam o sono. Está provado que quem não perdoa, vive menos! Mas não podemos esquecer que pedir perdão também é necessário e, muitas vezes, o orgulho impede esse gesto tão nobre. Quantos casamentos em frangalhos porque o reconhecimento do próprio erro não acontece. Muitos consideram fraqueza procurar o outro, brecha para ser humilhado. Pedir perdão é atitude de pessoas maduras, porque somente quem amadureceu reconhece o quanto é falho, cheio de defeitos, carente da misericórdia dos outros.

A maturidade nos faz encarar nossas debilidades, assumir as consequências dos nossos erros e reparar o sentimento de quem magoamos. O gesto de pedir perdão desencadeia boa vontade no outro, disposição para perdoar: estudos mostram que pedir desculpas aumenta em até 200% a chance de ser perdoado! Porém, perdoar e pedir perdão não são sentimentos que acontecem sem nenhum esforço. Pelo contrário, é um processo longo de decisão e persistência, até que se torne um hábito.

Isso não quer dizer que você precise sucumbir a alguma relação abusiva, violenta e traiçoeira. Quer dizer que você deve liberar o coração de ressentimentos, mágoas, ódio. Porque perdoar não é uma arte para "bonzinhos", mas é capacidade dos que são emocional e espiritualmente inteligentes.

Parentes e o casal

Como se não bastassem os desafios do relacionamento entre o casal, ainda têm aqueles problemas gerados pelos sogros, cunhados, primos e outros mais. O tempo todo tem alguém dando opinião, dizendo como você deve agir nessa ou naquela situação. E já perceberam que as pessoas estão constantemente inflamando você para não perdoar, dar o troco, deixar de ser bobo? É comum dizerem que você é bom demais, que precisa ser mais punho firme com o outro se quiser ser respeitado. Mesmo que doa, é necessário dizer: as pessoas não estão erradas em se intrometer em seu casamento; pois é você quem permite isso. Elas só falam mal do seu cônjuge para você porque você escuta, porque você vai reclamar da atitude de seu(sua) esposo(a) para eles, porque você quer a opinião deles. Se você choraminga sobre seu casamento para os outros, você só faz isso para reforçar sua própria opinião: de que você é vítima desse casamento infeliz, de que você merece ser melhor tratado. E quando o parente escuta suas lamúrias, vai lhe consolar com palavras que confirmam o que você já pensa e isso alimenta mais ainda a "certeza" de que você é vítima. Claro que seus pais ou seus irmãos ficarão do seu lado! Claro que dirão que você merece mais respeito! Dificilmente eles irão lhe falar que você também precisa mudar ou assumir sua responsabilidade na situação. O casal precisa assumir a responsabilidade de resolver os próprios problemas conjugais. A intimidade não pode vazar, ser assunto para a família toda tratar. E, diga-se de passagem: dificilmente o problema é resolvido quando outros ficam sabendo; pelo contrário, mais mágoas e desconfortos são gerados, pois sogra fica com raiva do genro, prima aproveita para dar conselhos baseados em seu próprio fracasso. Incrível como a tendência é contar para várias pessoas o problema, ao invés de levar o problema direto para Aquele que de fato pode ajudar! O tempo que se gasta ao telefone falando mal do cônjuge seria melhor aproveitado aos pés do Criador do casamento! Sim! Está sobrando conversa infrutífera sobre o casamento e faltando a bênção dos joelhos dobrados! Se falar com alguém for tão necessário, procure um conselheiro matrimonial ou alguém da sua confiança que tenha uma vida de oração. Não dá para pedir conselhos a quem não tem sabedoria nem para si mesmo. Como alguém que não consegue ser feliz com o marido lhe ajudará a consertar seu casamento? Não ter com quem falar lhe ajudará a conversar com seu cônjuge, a encarar a situação para resolver.

A família humana de Jesus

Quando pensamos na família de Jesus, a imagem junto à manjedoura é a primeira que surge, uma cena repleta de harmonia e luz... cena de família perfeita.

Não se fixe no modelo da família de Jesus como se fosse inatingível. A família do Salvador também tinha vários desafios e, mesmo assim, ainda serve de inspiração para todos nós.

Talvez você esteja se perguntando: Maria e José tinham desafios? Se tinham, por que foram escolhidos para ser os pais do Messias? Você precisa saber que o motivo de serem tão especiais não se baseou em uma vida sem obstáculos, mas, sim, na forma que escolheram encarar os problemas que surgiram.

Vamos elencar alguns dos impasses que enfrentaram e como resolveram:

Primeiro: Maria conta a José que estava grávida e, para que ela não fosse apedrejada até à morte, ele resolve abandoná-la (na época, se fosse descoberta a fornicação, ambos morriam; mas se o homem fugisse, a mulher não era considerada culpada e sim vítima de abuso sexual). Pensem como os casamentos seriam mais felizes se os maridos estivessem dispostos a sacrificar a própria vida pelo bem da esposa! Se o egoísmo não permeasse as relações, questões como ciúme, descontentamento, disputas deixariam de existir.

Segundo: José estava disposto a manchar a própria reputação porque Maria era uma mulher que merecia tamanho sacrifício. Mesmo que ele não entendesse o que estava acontecendo, sabia que podia confiar em sua noiva. Agora eu pergunto: será que você, mulher, é tão confiável assim? Suas roupas, sua forma de falar e demais comportamentos transmitem segurança a seu casamento, noivado ou namoro? Será mesmo que a desconfiança que alguns sentem em seus relacionamentos é fruto da imaginação deles ou os companheiros são responsáveis por tais desconfianças?

Terceiro: Quando Maria e José se dão conta que esqueceram o adolescente Jesus em Jerusalém, voltam juntos para procurá-lo. Voltam juntos, entendeu? Não ficaram perdendo tempo acusando um ao outro pelo esquecimento: resolveram o problema juntos! Desafio você a se unir à sua família e amigos para encontrar soluções para os desafios e não se ocupar em provar que você não tem culpa. Quarto: Jesus Se torna um carpinteiro, como seu pai José. Sabe por quê? Porque José era um modelo a ser seguido até mesmo em sua profissão! Assim eu lhe pergunto: seus filhos podem imitar você em tudo? Na forma como trata os da sua própria casa, por exemplo?

Para não acabar o amor

1. Não se acomodem diante de uma vida sexual sem satisfação. Conversar com o cônjuge sobre sexo, falar o que lhe agrada e desagrada e ouvir o que ele(a) tem a dizer é um passo fundamental para que comecem a se entender. Muitos homens não sabem o que a esposa espera deles e as mulheres se queixam de parceiros egoístas que não se preocupam com elas, por isso se torna imprescindível uma conversa franca e amável. Sejam respeitosos. Nunca use o outro como um objeto. Nunca esqueça que sexo é complementaridade e não o principal de um casamento. Antes vem a atenção, o carinho do dia a dia para depois chegar às carícias e o prazer sexual.

2. Planejem sair sozinhos, sem filhos, parentes ou amigos. Planejem estar em algum lugar calmo e privado. Deixem os filhos com alguém responsável para não trazer preocupações durante esse período. Sair a sós não deve gerar culpa, como se estivessem abandonando a família: proporcionar bem-estar para vocês acarretará em benefícios também para os filhos. Além disso, estarão ensinando à criança que a individualidade é importante e que ela também deverá desenvolver esse hábito com seu futuro cônjuge.

3. Animem-se para traçar planos juntos. Muitos casais perdem a intimidade porque só conversam sobre problemas, contas a pagar, educação de filhos etc. Parece que funcionam como empresa. Não sabem como fazer isso? Lembrem da época de namoro, quando era tão gostoso estar juntos pensando sobre o futuro!

4. Busque nas lembranças o que fazia seu cônjuge feliz. Lembra que você fazia de tudo para ver o brilho nos olhos

dele(a)? Um jantar, um presente qualquer ou um simples passeio. Faça isso e o resultado será satisfatório.

5. Evite comentários pejorativos sobre o outro. Quando não nos sentimos respeitados, seja porque a forma física já não é a mesma ou porque nossos defeitos estão constantemente sendo pontuados pelo outro, reagimos nos isolando emocionalmente e, consequentemente, afastando-se fisicamente do outro. Ninguém psiquicamente saudável se sente à vontade com quem não lhe respeita.
6. Cuidem da saúde. Exercício físico, alimentação equilibrada, dormir bem, dentre outros hábitos saudáveis, são essenciais para uma vida sexual satisfatória. Um corpo doente e cansado não é capaz de sentir e dar prazer de forma plena.
7. Excluam dos hábitos de vocês todos os estímulos sexuais prejudiciais: filmes, novelas, sites e revistas com conteúdo pornográfico etc. Tais estímulos podem gerar o desejo de ter um companheiro com corpo perfeito, disposto a qualquer ato sexual, distanciando ainda mais o casal.
8. Tenham uma vida espiritual ativa. Orem juntos para serem fortalecidos nas fraquezas. Vivam na presença de Jesus Cristo. Tenham-No como Conselheiro e Amigo.
9. Resistam à tentação de desistir do casamento quando as provas forem muito difíceis. Permaneçam juntos na alegria e na tristeza. Deus os recompensará.
10. Por fim, decidam ser felizes. Tudo que queremos conquistar ou mudar em nossa vida começa pela tomada de decisão, e a tomada de decisão gera comportamentos em direção ao fim desejado.

Dever de casa

> *"Também digo que se dois de vocês concordarem aqui na terra a respeito de qualquer coisa que pedirem, meu pai, no Céu, os atenderá.*
>
> *Pois onde dois ou três estiverem reunidos no meu nome, eu estarei no meio deles." (Mateus 18:19-20, ARC)*

Essa é uma promessa que escancara a liberalidade do Senhor, a disponibilidade Dele para abençoar os que estão juntos numa aliança de fé. Uma comunidade de apenas duas pessoas pode acessar o trono de Deus, no nome de Jesus Cristo, e receber Seu favor. Isso é sensacional. É a chamada oração da concordância ou da harmonia. Dois concordam pela restauração e isso será feito em nome de Jesus.

> *"Àquele que é capaz de fazer infinitamente mais do que tudo o que pedimos ou pensamos, de acordo com o Seu poder que atua em nós." (Efésios 3:20, ARA)*

Atualmente, a ciência tem dado atenção aos benefícios da espiritualidade na saúde humana. Até por que se tornou impossível desprezar a força da fé que move cerca de 5 bilhões de pessoas, ou seja, 75% da população mundial, que professa algum tipo de religião e relata experiências pessoais quanto ao resultado da oração. O Jornal da associação internacional para pesquisa de relacionamento publicou o resultado de cinco estudos diferentes que propunham relatar o que a oração provoca na convivência dos casais. E a conclusão é que a oração conjugal promove comportamentos mais cooperativos.

> *Os participantes que oraram regularmente por seu cônjuge eram menos agressivos durante uma discussão.*

Os casados com participantes da pesquisa que oraram por eles notaram um comportamento mais tolerante que os parceiros dos participantes que apenas separavam um tempo a cada dia para "pensar em coisas positivas" sobre eles. Aqueles que se dispunham a orar logo após algum comportamento ofensivo do parceiro eram mais cooperativos com seus parceiros que os participantes que apenas diziam "pensar em Deus".

E quem orou pelo parceiro no mesmo dia em que o conflito ocorreu demonstrou níveis mais elevados de perdão que nos dias em que ocorreu um conflito, mas eles não oraram.

O doutor Fincham, um dos autores do artigo, afirma que "A oração é uma forma de atividade espiritual comum a todas as tradições religiosas, mas, sabia-se muito pouco sobre o seu papel nos relacionamentos amorosos. E esta foi a primeira vez que puderam documentar o impacto da oração conjugal. Foram usados métodos de pesquisa rigorosos, que incluíam dados experimentais. Eles foram testados especificamente para sabermos se os resultados poderiam ser um mero acaso... A replicação dos resultados em estudos diferentes não permite se usar a palavra 'coincidência' como uma explicação plausível. Este conjunto de estudos é o primeiro a utilizar indicadores objetivos mostrando que a oração realmente mudou o comportamento e que este comportamento era evidente para o outro parceiro, no caso, o sujeito da oração".

Fincham é um dos vários autores do estudo liderado pelo doutor Nathanial Lambert, professor na Universidade Brigham Young. Seu artigo "Tendências à cooperação e ao perdão: Como a oração transforma a motivação" foi publicado na revista científica Personal Relationships (Personal Relationships, 20, 2013, 184-197). Ainda há outra pesquisa feita pelo Institute for Family Studies (IFS), entidade norte-americana que trabalha com estudos comportamentais sobre temas de família que atesta: casais que oram juntos são mais felizes.

Segundo o instituto, orar unidos, lado a lado e com frequência acrescenta qualidade ao relacionamento.

Em uma entrevista ao site Deseret News, o doutor Bradford Wilcox, um dos responsáveis pelo estudo e diretor do National Marriage Project, da Universidade da Virginia, disse que isso se deve ao fato de que a fé é um elemento de vínculo e a oração é a melhor forma de manter viva a espiritualidade. “Casais que vão à igreja juntos e que, ainda mais, oram juntos alcançam níveis altos de qualidade do relacionamento.”

De acordo com o estudo, casais que oram juntos, pelo menos uma vez por semana, são 17%. “Os casais se veem unidos de uma maneira mais profunda e intensa.”

Mas, os pesquisadores observaram que os casais que frequentam a igreja juntos ou aqueles em que apenas o homem frequenta são mais felizes. Quando somente a mulher vai à igreja, o grau de felicidade cai.

A pesquisa ainda revela que 78% dos casais que vão regularmente à igreja juntos, ou nos quais apenas o homem vai, consideram-se muito ou extremamente felizes.

Dois terços dos homens e mulheres em relacionamentos nos quais nenhum deles vai à igreja se dizem felizes.

59% dos casais em que a mulher vai sozinha à igreja se dizem muito felizes.

Amar genuinamente a Deus, ir à igreja, ler a Bíblia, orar e desejar ser mais parecido com Cristo, dá sentido e prazer ao cristão.

Sendo assim, não se demore. Renove, particularmente, seu voto de amor e comprometimento com o Senhor, e como casal, lancem-se com fé no altar do Senhor e sejam abençoados.

> *Estudos comportamentais sobre temas de família atestam: casais que oram juntos são mais felizes.*

Escolham o melhor horário para orarem juntos. Orem, se possível, de mãos dadas ou abraçados. Acreditem que neste momento não serão apenas dois, mas três. Jesus Cristo estará presente, no quarto ou em qualquer outro lugar onde vocês pedirem para que Ele esteja. Mas não deixem de orar individualmente. São momentos diferentes.

A timidez e a vergonha de orar em voz alta pode ser um empecilho, mas o casal que tira a roupa para fazer sexo, pode aprender a se despir da vergonha de se expor em oração. Mas tenham cuidado. Orar, não é aproveitar para fazer um sermão para o outro. Não é hora de falar dos defeitos do outro. Sejam sensíveis e cuidadosos. Podem confessar, podem falar de arrependimentos, mas não é hora de críticas, e sim de quebrantamento em busca da graça de Deus. Que haja um espírito humilde. Lembrem-se de que estão na presença de Deus. Ele é a autoridade. Ele é Santo. Desarmem-se. Reconheçam quem são diante de Deus e se entreguem. Abram o coração para que Deus os ajude a se perdoarem e ajude-os para que o amor vigore. Se estiverem distantes, orem por telefone, mas se dediquem ao desafio de buscar a Deus.

> *"Não estejais inquietos por coisa alguma; antes as vossas petições sejam em tudo conhecidas diante de Deus pela oração e súplicas, com ação de graças." (Filipenses 4:6, ARC)*

Ainda existe algum motivo para agradecer a Deus em seu casamento. Deve existir. Agradeça. Louve pela casa, pelo trabalho, saúde, filhos, família... Supliquem ao Senhor para que em Sua clemência lhes conceda a restauração, a renovação do relacionamento, mas não somente peçam. Sejam agradecidos.

> "*Não importa onde nem a hora, mas importa que os dois estejam juntos no propósito de permanecer unidos para a eternidade.*"

"E desceu a chuva, e correram rios, e assopraram ventos, e combateram aquela casa, e não caiu, porque estava edificada sobre a rocha." (Mateus 7:25, ARC)

Essa é a confiança necessária. Estamos instruídos, erguidos, seguros na fidelidade do Senhor. Orar juntos dará um novo sentido ao casamento.

A comunicação entre vocês irá mudar. Vocês sentirão o Espírito Santo agir. O ambiente celestial será uma realidade na casinha mais simples ou em um casarão de luxo. Não importa onde e nem a hora, mas importa que os dois estejam juntos no propósito de permanecer unidos para a eternidade. Não haverá forças que os destrua. Não haverá tempestade que os arranque da Rocha que é Jesus, o Senhor.

"Se há um tempo em que cada casa deve ser uma casa de oração, esse tempo é hoje. A incredulidade e o ceticismo predominam. A iniquidade tem se alastrado. A corrupção atinge o íntimo do ser e provoca rebelião contra Deus. Escravas do pecado, as aptidões morais estão sob o domínio de Satanás. A pessoa se torna o joguete de suas tentações; e, a menos que se estenda um braço poderoso para salvá-lo, o ser humano passa a ser dirigido pelo inimigo."

(Ellen G. White, Orientação da Criança, p. 517)

> "A ideia de que a oração não seja uma prática essencial é um dos mais bem-sucedidos artifícios de Satanás para destruir almas. Oração é comunhão com Deus, a Fonte da sabedoria, o Manancial de poder, paz e felicidade" (Ibid.).

"O apóstolo Paulo diz: 'Perseverai na oração, vigiando com ações de graças.' " (Colossenses 4:2, ARA)

Será necessário ter disciplina. Perseverar frente ao desconforto, à vergonha, timidez, à falta de vontade. Talvez usem desculpas por esta ou aquela outra razão para não orar. Será preciso persistência. Se conseguirem fazer uma jornada de 40 dias, é provável que se torne um hábito e o casal consiga usufruir dos benefícios da oração, da presença de Deus, permanentemente. O casal e a família poderão vivenciar a alegria de uma espiritualidade consistente e ser testemunhas de muitos milagres.

Jesus orava durante horas e horas. Nem sabemos o que dizer durante tanto tempo, mas Jesus falava com Seu pai noites inteiras. Familiaridade total. Ele não somente falava. Tenho certeza que ouvia. Recebia instruções e ânimo para os dias que Lhe faltava para cumprir Sua missão.

Quando Jesus foi batizado no Rio Jordão, o céu estava aberto e o Pai Lhe falou que era Seu Filho amado.

Faz bem lembrar que "depois do batismo, enquanto Jesus saía da água, o céu se abriu e Ele viu o Espírito de Deus descer como um pomba e pousar sobre Ele. E uma voz do céu disse: Este é Meu filho amado, que Me dá muita alegria" (Mateus 3:16-17). Isso significa que o Céu se abre para o Filho e, se nós estamos em Cristo, o Céu se abre para nós também. Nossas súplicas são ouvidas. Somos, em Cristo Jesus, amados do Pai e Ele tem prazer em nos ouvir.

> *"Vistam-se de toda armadura de Deus, para poderem ficar firmes contra as ciladas do Diabo, pois a nossa luta não é contra seres humanos mas [...] contra as forças espirituais do mal nas regiões celestiais. Por isso, vistam toda a armadura de Deus para que possam resistir nos dia mau e permanecer inabaláveis, depois de terem feito tudo. Assim, mantenham-se firmes [...] usem o escudo da fé, com o qual vocês poderão apagar todas as setas inflamadas do maligno." (Efésios 6:11-14, 16)*

> *"Peça-a, porém, com fé, sem duvidar, pois aquele que duvida é semelhante à onda do mar, levada e agitada pelo vento. Não pense tal pessoa que receberá coisa alguma do Senhor, pois tem mente dividida e é instável em tudo o que faz." (Tiago 1:6-8, NVI)*

Oração

Orem assim: "Pai nosso, que estás nos Céus! Santificado seja o Teu nome. Venha o Teu reino; seja feita a Tua vontade, assim na terra como no Céu. Dá-nos hoje o nosso pão de cada dia. perdoa as nossas dívidas, assim como perdoamos aos nossos devedores. E não nos deixes cair em tentação, mas livra-nos do mal, porque Teu é o reino, o poder e a glória para sempre. Amém."

(Mateus 6:9-13, NVI)

Desejo a você um amor eterno.
Porque Jesus tem uma história
de amor eterno com você.

Este livro foi impresso pela Ipsis para a Thomas Nelson Brasil.
O papel do miolo é pólen bold 70g/m^2 e o da capa é cartão 250g/m^2.